살던 곳에서 계속 살아가기
일본의 재택의료

일본의 재택의료

살던 곳에서
계속 살아가기

백재중
지음

건강
미디어
협동조합

지은이

| 백 | 재 | 중 |

내과 의사. 저서 『지원주택과 의료』 『공공의료 새롭게』 『팬데믹 인권』 『여기 우리가 있다』 『자유가 치료다』 『의료협동조합을 그리다』 『삼성과 의료민영화』와 『인권의학 강의』(공저) 『다른 의료는 가능하다』(공저)

"여러분의 참여로 이 책이 태어납니다.
씨앗과 햇살이 되어주신 분들, 참 고맙습니다."

고경심 권혜경 김기태 김미정 김봉구 김성아 김신애 김어수 김유라 김일환
김정은 김정현 김종필 김희정 노태명 문현아 문희권 민앵 박기수 박봉희
박선용 박소정 박왕용 박유경 박혜경 백영경 백재중 송직근 신동호 심재식
안태진 오춘희 오현정 유한목 윤종률 윤주영 이경민 이보라 이화영 이희영
임진영 임형석 장숙랑 전선율 정민철 정백근 정세연 정혜진 조계성 조원경
천희정 최규진 최봉섭 홍기훈 황지원   (55명)

일러두기

개호(介護)는 〈요양〉이나 〈돌봄〉에 해당하는 일본어로 우리나라에서는 사용하지 않는 단어임. 〈개호보험〉과 같이 고유명사화하여 번역이 어렵기도 하거니와 의미가 애매해질 위험 때문에 이 책에서는 그대로 개호라는 용어를 사용함

들어가며

우리의
돌봄의료를
생각하며

　직업이 의사다 보니 진료실에서 많은 환자를 만나고, 진료실에서 시대의 변화를 느낍니다. 사회가 고령화되면서 갈수록 노인 환자가 늘고 노인 1인 가구가 흔치 않은 상황임을 목격합니다. 심지어 100세 넘는 어르신이 혼자 사시기도 합니다. 고령의 부부가 같이 살아가는 모습은 오히려 여유가 느껴집니다. 거동이 어려운 장애인이 시설을 거부하고 집에서 혼자 살기도 합니다.
　여러 질병으로 신체 기능이 저하되고 치매로 인지 기능이 온전하지 못한 고령자가 많은 터라 아슬아슬하다는 느낌을 자주 받습니다. 이분들을 위해서는 특별한 지원체계가 필요하다고 누구나 느끼지만 현실은 그리 녹록하지 않습니다.
　요양원 환자들이 상태 악화로 병원으로 이송되어 입원 치료받는 예도 많습니다. 집에서 도저히 간병이 어려워 요양시설로 입소하는 사례가 늘고, 떠밀려 요양원으로 들어가기도 합니다. 요양원 수도 점점 더 늘어납니다.

입원 치료 후 호전되어 퇴원하는 고령 환자들이 제대로 회복이 안 되어 재입원하거나 시설로 들어가는 사례를 자주 접합니다. 비교적 건강한 노인도 급성기 질병을 앓고 나면 급격한 기력저하로 회복이 더딥니다. 이런 상황에서 회복을 도와 다시 가정이나 지역사회로 복귀하도록 지원하는 체계도 부족합니다.

이런저런 이유로 많은 노인이 시설로 들어갑니다. 우리나라에서 노인시설이라 부르는 요양원과 요양병원에 50만여 명의 노인이 입원 또는 입소 중입니다. 전 인구의 1%, 노인 인구의 5%에 해당합니다. 고령화의 가속화로 이 비율은 더 증가합니다. 이미 최고령 국가인 일본보다도 더 높습니다.

전에 정신보건에 관심 가지고 관련 책[1]을 낸 적도 있습니다만 우리나라 정신장애인의 시설화도 다른 선진국에 비해 매우 높습니다. 코로나 팬데믹의 첫 사망자가 정신병원에 20년 가까이 입원해 있던 조현병 환자였습니다. 정신장애인들이 지역사회에서 더불어 살지 못하고 시설로 떠밀려 들어가 오랜 기간, 어떤 이는 평생 그 속에서 살아갑니다. 신체장애인들도 마찬가지입니다.

---

1. 『자유가 치료다』, 건강미디어협동조합, 2018

노인시설이든 장애인시설이든 대부분 시설은 존엄한 삶을 보장하는 데 크게 부족합니다. 철저하게 사생활을 보장하고 인권 친화적인 시설을 찾아보기 어렵습니다. 시설 구조나 운영방식 자체에 한계가 있습니다. 어쩔 수 없이 시설이 필요한 중증 환자도 있기에 시설을 전면적으로 부정하기는 어렵습니다. 그러나 시설화를 최소로 줄이고 가능한 살던 곳에서 계속 살아가도록 하는 지원시스템이 절실합니다.

정부도 여러 사업을 펼치고는 있습니다. 그러나 이런 사업들이 지역사회 돌봄과 관련하여 충분하다고 느끼기에 역부족입니다. 사업들이 단편적이고 분절적입니다. 사업 맥락이 일관되지도 않고 여러 사업을 통합 관리하려는 노력도 부족해 보이며 주관하는 정부 부처도 제각각입니다. 정부 전체의 통합·조정 기능도 부실해 보입니다.

베이비 붐 세대가 본격적으로 노인 인구로 편입되면서 고령화가 진행된다면 그동안 겪어보지 못한 새로운 환경에 놓이게 됩니다. 시한폭탄처럼 다가오는 고령화에 대한 대응이 자못 한가하게 느껴집니다. 준비 없이 맞이하는 고령사회는 모두의 재앙일 수 있습니다.

시대 변화에 따라 돌봄과 의료를 구분하기 어려워졌습니다. 의료 없이는 돌봄이 제대로 구성되지 않고, 돌봄 없이는 의료의 결과가 신통치 않습니다. 돌봄과 의료의 협력과 통합이 절실하지만 이를 가로막는 장애가 곳곳에 있습니다. 새로운 시도와 도전을 주저하기도 하고 아예 관심조차 두지 않기도 합니다.

이제 새로운 '돌봄의료'를 개척해 나가야 할 당위가 있지만 그리 쉽지 않습니다. 경험이 없고, 전략이 없고, 실행 계획도 없습니다. 이전 경험을 검토하고 다른 나라의 앞선 시도를 살펴보면서 우리에게 맞는 새로운 지도를 만들어야 할 듯합니다. 늦었지만 지금이라도 서둘러야 합니다.

일본은 우리보다 20년 일찍 고령화를 경험하면서 다양한 시도를 합니다. 베이비붐 세대의 후기 고령자 진입이 마무리되는 2025년을 기준점으로 삼아 정책 역량을 집중해서 하나의 돌봄의료 전형을 만들어 갑니다. 일본의 사례들을 살펴보면서 우리나라에 적용 가능할지 의문이 들 때도 있지만 여러 부분에서 참고할 내용이 많습니다.

이 책은 그런 고민의 과정에서 일본 사례들을 모아 정리한 것입니다. 지역사회 돌봄의 뼈대라는 지역포괄케어 시스템, 병원 병상을 조정하고 지역사회 의료를 확충해가는 지역의료 구상에 대해 설명했습니다. 지역사회 돌봄과 의료를 가능케 하는 재택의료, 의료와 병행해서 진행되는 개호보험 체계, 노인을 위한 주거 지원 서비스, 의료와 개호의 여러 기능이 공간적으로 통합되어 운영되는 돌봄의료 복합시설들에 대해서도 살폈습니다. 지역사회 전체를 돌봄의료 관점에서 재구성하려는, 돌보는 마을 사례들도 정리했습니다.

일본 현장 경험자가 아님에도 시도하는 이 일이 무모한 작업이 아니길 바랍니다. 돌봄의료 구성에 조금이라도 도움이 되기를 바라는 마음에서 시작했습니다. 우리나라의 상황은 긴급한데 정책과 현실은 따라주지 못하는 것 같아 마음이 급해진 이유도 있습니다. 아무쪼록 이 책이 우리나라 돌봄과 의료의 재구성에 조금이라도 도움이 되기를 바라는 마음입니다.

2025년 5월
백재중

추 천 사

궁금하신가요, 일본의 재택의료?

김신애 _가정의학과 전문의, 재택 방문진료 의사

　백재중 선생님과의 인연은 일본의 재택의료 현장 연수를 하고 돌아와 녹색병원에서 근무했던 2017년부터 시작되었습니다. 녹색병원의 호흡기내과 과장이면서 부원장으로 환자들과 병원에 충실하셨지만, 사실은 장보기용 작은 손수레로 노끈에 묶은 신간들을 끌고 어디론가 바쁘게 움직이시던 뒷모습이 저에게는 선생님과 건강미디어협동조합의 '시그니처'입니다.
　2014년부터 10여 년 동안 건강미디어의 출간은 약 마흔 건에 이르는데 그 중 백재중 선생님의 저서는 일곱 권입니다. 그 일곱 권 각각은 다양한 이야기를 하는 것 같으면서도 '누구도 소외되지 않고 존엄한 삶을 살아가는 사회'를 지향해 오더니 드디어 '나이 든 시민들'에 이르렀습니다.

제목은 참 재미없습니다. 《일본의 재택의료》라니, 너무 당연하고도 한편 지겨울 듯합니다. 게다가 "살던 곳에서 계속 살아가기"라니, 요즘 하도 'Aging in Place'가 남발되니 이것조차… 그래서 뭐, 어쩌라고? 싶습니다.

그런데, 지치지 않고 뭔가 이야기들이 계속됩니다. 그런 것이 존재하더라, 에서 그치지 않고 거기가 왜 그렇게 됐냐면, 그래서 사람들은 어떻게 했고, 지금은 이렇게 되어가는 중인데 우리는 그럼 이렇게 해야 하지 않을까?

사실 처음 만났을 때부터 백재중 선생님은 어떤 이야기를 할 때든 '책을 써 보라'고 하셨습니다. 10여 년 전 오사카 츠카모토 역 부근 오래된 병원과 진료소들에서 보았던 '환자를 찾아가는 의료진들', 돌봄을 위해 마련된 다양한 역할들과 그들의 긴밀한 협력, 그리고 그 모든 것을 가능하게 해주는 지역사회의 촘촘한 돌봄 조직과 조직에 생명을 불어넣는 사람들에 대해서요.

스스로에 대한 의심이 많고 돌다리를 부서질 때까지 두드리는 제가 감탄과 감동만 거듭하는 동안 선생님은 2년 전 《지원주택과 의료》를 출간하시더니 드디어 《일본의 재택의료》에 대한 정의를 내리셨습니다.

그리고 그 중심에는 "살던 곳에서 계속 살아가기"에 대한 선생님의 철학과 지금껏 수없이 현장을 찾고 사람들을 만나며 고증한 자료, 지식 들이 담겼습니다.

백재중 선생님도 해오셨던 일이지만, 저는 스스로 의료기관을 찾기 어려운 사람들을 찾아가는 방문진료 의사입니다. 동시에 돌봄의료를 개척해 나가야 할 당위를 갖지만 경험도, 전략도, 실행 계획도 보이지 않는 이 나라(책의 〈들어가며〉 8쪽에 들었지요)의 문제는 도대체 어디서부터인가를 쓸데없이 고민 중인 늦깎이 대학원생이기도 합니다. 심지어 얼마 전까지는 국내 최고의 장수 인구를 자랑하는 경기도 어느 도시의 공공병원 재택의료센터에서 근무하였습니다.

환자 분들의 집을 찾아다니며 맞닥뜨리는 다양한 벽들은 10여 년 전 일본에서 경험했던 제도적, 문화적 배려와 장치들을 떠올리게 해 자주 조급하고 답답해집니다.

커뮤니티 케어, 에이징 인 플레이스, 돌봄, 초고령화 사회 같은 낱말들은 건강보험 재정의 부담을 줄이기 위한다는 이유가 뒤따르고 같은 목표를 지향한다는 지자체들의 수많은 시도는 담당 공무원의 승진이나 지자체장이 바뀜과 동시에 멈춰 서거나 뒷걸음질 치곤 하는 우리나라.

초고령사회가 대재앙인 듯 호들갑을 떠는 한편 새 버전의 실버산업을 묵묵히 만들어가는 자본주의 시장경제의 거대한 흐름이 멈추지 않는 지금 이 순간, 우리 모두는 누구 하나 다르지 않게 늙어갑니다.

누구나 원하는 삶을 살아내기 위해서는 스스로 노력도 중요하겠지만 필요한 도움을 다양한 모습과 방식으로, 너무 어렵지 않게 받아야 합니다. 이미 초고령사회를 살아가는 우리에게 이 책이 하는 이야기가 누군가에게는 지겹기도, 누군가에게는 버겁고 외면하고 싶기도 한 내용이지만 지금 우리의 준비가 어느 정도인지 비교, 확인하면서 닥치게 될 내일을 짐작하는 데에 꼭 필요한 것이라는 사실은 분명합니다.

의료와 돌봄의 현장에서 더 나은 내일을 위해 고민하시는 많은 분과 연구자들, 지자체의 관련 부서에서 일하시는 공무원 등을 비롯해 "살던 곳에서 계속 살아가기" 위해 필요한 것이 무엇인지 제대로 알고 싶으신 분들께 모쪼록 일독을 권해드립니다.

| 차례 |

들어가며 우리의 돌봄의료를 생각하며 _ 7

추천사 궁금하신가요, 일본의 재택의료? _김신애 _ 12

여는 글 새로운 길을 만들어야 _ 18

| 1 | 장 | **일본의 고령화와 의료, 개호의 대응** _ 21

| 2 | 장 | **지역포괄케어 시스템** _ 31

| 3 | 장 | **지역의료 구상** _ 63

| 4 | 장 | **재택의료** _ 79

| 5 | 장 | **개호보험과 개호 서비스** | _ 127 |

| 6 | 장 | **고령자 주거 서비스** | _ 149 |

| 7 | 장 | **의료와 돌봄 관련 기관과 시설의 복합화** | _ 163 |

| 8 | 장 | **돌보는 마을** | _ 177 |

맺는 글 우리는 어떻게 할 것인가 _ 202

보론 '일본 재택의료'에 대해 답하다 _나가세 후미오 _ 210

여는 글

새로운
길을 만들어야

사회 곳곳에 고령화의 그늘이 짙게 깔린 지 오래다. 우리나라 역시 2024년 말에 65세 이상 인구 20%로 초고령화 사회로 진입했다. 저출생과 맞물려 우리 사회는 그동안 경험하지 못한 새로운 인구 구조에 직면했으나 아직껏 변화에 대응하는 능동적인 모습이 부족하다. 이러한 시대에 돌봄 문제는 시급한 과제로 대두되었고, 코로나 팬데믹은 돌봄이 더 늦추기 어려운 긴급한 문제임을 상기시킨다.

우리보다 앞서 고령화 시대를 맞이한 일본은 오래전부터 돌봄의 필요성을 인식하고, 지역사회에서 이를 실현할 수 있는 구체적인 방안들을 모색했다. 그중 하나가 지역포괄케어 시스템이다.

고령자들이 자기가 살던 집에서도 진료나 간병을 받는 체계를 마련하는 건 쉽지 않다. 이를 지역사회에서 최대한 가능하도록 지역포괄케어 시스템을 제안하고 그 운용을 위해 지역포괄지원센터를 꾸리도록 했다. 일본의 지역사회는 이 센터를 중심으로 다양한 모델의 돌봄 체계를 마련한다.

고령화가 진전될수록 돌봄과 의료는 분리하기 어렵다. 돌봄과 의료가 동시에 필요하다. 이를 위해 새로운 접근과 새로운 방식이 요구된다. 거동이 어려운 고령자를 위해 의료진이 환자의 집을 찾아가는 재택의료는 고령화 시대 중요한 의료 분야로 자리 잡는다. 재택의료는 진료, 간호, 치과, 약제 관리, 재활, 영양 등 다양한 분야로 확대되었다.

일본은 선진국 중에서 인구 대비 입원 병상이 많은 나라다. 병상을 줄여 불필요한 입원을 억제해야 하는 상황이었다. 한편으로 고령화로 인해 의료 요구가 늘어 병상 수요 증가가 예상되었다. 상반되는 요구 속에서 일본 정부는 병원의 입원 병상을 억제하는 대신 지역사회에서 직접적으로 의료를 수행하는 재택의료를 활성화하여 고령화에 대응해 나갔다.

살던 곳에서 계속 살아가기(Aging in Place)는 생각처럼 쉽지 않다. 주거의 문제가 중요한 조건으로 따라붙는다. 단순히 공간으로 주택이 제공된다고 해결되는 것이 아니다. 노화에 따른 신체 기능의 저하, 인지 기능의 저하를 보완하는 다른 서비스 제공이 병행되어야 온전한 주거가 가능해진다. 이를 위해 일본 정부는 다양한 방식의 주거를 제공하고 여기에 필요한 지원 서비스를 결합시켜 나갔다.

의료와 돌봄의 경계가 모호해지는 상황을 반영하여 한 기관에서 돌봄 서비스, 의료 서비스를 동시에 다양한 방식으로 제공하기도 한다. 한 건물에서 지역포괄지원센터, 방문간호 스테이션, 데이케어센터, 단기요양시설, 장애인 지원센터 등의 서비스가 함께 제공되기도 한다.

더 나아가 마을 자체가 돌봄과 의료의 개념을 충실히 반영하여 재구성되기도 한다. 이 중에서 치바 현 가시와 시柏市 도요시키다이豊四季台 단지의 돌봄의료 모델은 사람들의 이목을 끌기에 충분하다. 가시와 모델은 오래된 주택 단지를 재건축하면서 고령자 중심의 돌봄 체계를 마련하기 위해 노력한 결과이다. 24시간 의료와 간병 제공이 가능하고 보람이 있는 일자리도 단지 내에서 해결할 수 있도록 했다. '돌보는 마을'의 개념을 완성하였다.

한국 사회는 다른 나라보다 급격한 속도로 초고령사회에 진입했음에도 이에 대응하는 노력은 지지부진하다. 최근에 재택의료센터를 선정하여 시범사업을 진행하나 더디기는 마찬가지여서 제대로 대응할 수 있을지 걱정이다.

일본 모델의 장점을 잘 파악해서 우리 상황에 맞는 새로운 구성이 절실하다. 특히 고령자를 위한 돌봄과 의료 서비스 모델의 구축은 삶의 존엄성을 지키기 위한 노력의 일환이며, 결국은 모든 세대를 위한 일이다.

일본의 고령화와 의료, 개호의 대응

　일본은 최초로 초고령사회를 겪는 나라다. 이전에 겪어보지 못한 새로운 시대 변화에 따른 많은 변화로 발 빠른 대응이 필요했다. 일본은 고령화에 대응하여 자기 방식의 의료와 돌봄 체계를 구축하는데 이를 살피는 것이 이 책의 목적이다.

　나이가 들면 신체 기능, 인지 기능이 떨어져 일상생활에 어려움을 겪으니 돌봄의 필요가 증가한다. 그러나 이전처럼 가족의 돌봄을 기대하기 쉽지 않은 환경이다. 고령자 1인 가구도 급격히 늘었다. 사회적 돌봄에 대한 요구도 늘고 있다. 사회적 돌봄 체계 구축을 위해 의료와 돌봄 서비스의 긴밀하고 유기적인 협력과 대응이 요구된다.

　일본은 고령화에 대응하여 의료와 돌봄 서비스의 개혁을 도모해 왔다. 이전에 겪어보지 못한 낯선 조건에 대응하기 위해 새로운 방식을 채택할 수밖에 없었다. 당연히 시행착오를 경험한다.

고령화의 진행

　일본은 선진국 중 가장 먼저 저출생, 고령화 시대를 맞이했다. 65세 이상 고령자의 비율(고령화율)이 1994년 14.1%로 고령화사회에 진입하였고, 2010년 23%로 초고령사회로 진입하였다.

일본의 총인구는 2021년 10월 1일 현재 1억 2,550만 명이다. 65세 이상 인구는 3,621만 명으로 총인구에서 차지하는 비율(고령화율) 28.9%다. 75세 이상 인구(후기 고령자)는 1,867만 명(14.9%)으로 65-74세 인구 1,754만 명(14.0%)을 웃돈다.

단카이 세대[1]가 전부 75세 이상이 되는 2025년에는 후기 고령자가 전체 인구의 18%가 될 것으로 예상한다. 2025년까지 후기 고령자 인구가 급속히 증가한 다음 증가세는 완만해질 것이다. 이미 감소로 전환하고 있는 생산 연령 인구는 2025년 이후 더욱 감소하게 될 것이다.[2] 단카이 주니어[3]가 65세에 도달하는 2036년에는 고령자 비율이 33.3%, 즉 3명 중 1명이 고령자가 된다. 2065년에 이르면 인구는 8,808만 명까지 감소하지만, 65세 이상 고령자는 3,381만 명으로 전체 인구의 38.4%에 달하게 되며, 인구의 약 2.6명 중 1명이 65세 이상, 약 3.9명 중 1명이 75세 이상이 될 것으로 예상한다.[4]

우리나라 노인 인구 추이는 20년의 시차를 두고 일본을 따라간다. 2025년에는 초고령사회로 진입하여 20년 전(2005년) 일본의 65세 이상 인구 비중을 넘어설 것이다. 우리나라 베이비 붐 세대는 1955-1963년 출생 세대를 지칭한다. 한국전쟁으로 인해 다른 선진국에 비해 수년 늦게 시작하였다. 이들이 지금은 전부 60대에 걸쳐 있다. 고령화율이 급격하게 증가하는 이유다. 5-6년이 지나면 75세 이상의 후기 고령자로 진입하게 된다. 이들이 모두 후기 고령자로 진입하려면 앞으

---

1. 단카이 세대團塊世代는 1947-1949년에 출생한 일본의 1차 베이비 붐 세대로 약 806만 명으로 추산
2. 최경환 『일본 농촌 지역의 재택의료 실태와 시사점』 288 연구자료-1, 한국농촌경제연구원 2022.12
3. 단카이 세대의 자녀들로 1970-1979년 출생한 2차 베이비 붐 세대
4. 오영인 외 『일본의 재택의료 현황과 시사점』 연구보고서 2019-06, 의료정책연구소 2019.10

로 13-14년이 지나야 한다.

노인 1인 가구의 증가

우리나라도 마찬가지지만 일본의 65세 이상 1인 가구도 남녀 모두 현저하게 증가 중이다. 1980년에는 남성 약 19만 명, 여성 약 69만 명이었으며, 65세 이상 인구에서 차지하는 비중은 남성 4.3%, 여성 11.2%였다. 그러나 2015년에는 남성 약 192만 명, 여성 400만 명으로 65세 이상 인구에서 차지하는 비율은 남성 13.3%, 여성 21.1%로 크게 증가하였다.[5] 우리나라는 2025년 노인 인구 1,033만여 명 중에서 약 22%에 해당하는 225만여 명이 1인 가구가 될 것으로 예상한다.

고령화의 진행과 가족 구성의 변화는 돌봄 체계를 구축하는 데 중요한 핵심 고려 사항이다. 가족 지원에 전적으로 의존하던 과거의 체계가 불가능하다. 새로운 체계 구축은 더디고 돌봄 공백은 불가피해 보인다. 얼마나 빨리 적절한 체계를 구축하느냐가 고령자 돌봄의 공백을 최소화하는 길이다. 혼자 살더라도 대부분 노인은 자신이 살던 장소에서 계속 살기를 원한다. 'Aging in Place'를 실현할 수 있는 돌봄 체계 구축이 필요하다. 탈시설, 탈가정의 체계 마련이 요구된다.

고령화에 대한 의료와 개호 대응

노인 인구 증가에 따른 건강보험 재정 지출 증가를 억제하고자 일

---

5. 오영인 외 『일본의 재택의료 현황과 시사점』 연구보고서 2019-06, 의료정책연구소 2019.10

본에서는 1999년부터 의료와 개호를 연계하기 위한 작업을 시도한다. 기존 체계의 대대적인 개혁이 필요해졌다. 개혁의 공식적인 목표 연도는 소위 단카이 세대 후기 고령자 진입이 마무리되는 2025년이었다. 개혁의 핵심 내용은 '지역포괄케어 시스템'과 '지역의료 구상'의 실현이다.

전국적으로 지역포괄케어 시스템을 구축하여 지역사회 돌봄과 의료 지원을 위한 토대를 마련코자 했다. 지역의료 구상은 병원의 병상을 축소하고 대신 지역사회 재택의료 체계를 구축하는 데 방점을 둔다.

개혁의 목표 연도였던 2025년에 이르자 이제는 새로운 변화와 개혁을 위해 다음 목표 지점을 설정한다. 정책의 목표 연도가 일본의 사망자 수가 최대가 되는 2040년으로 서서히 바뀐다.[6]

일본 의료의 변화

일본은 전 국민 대상으로 국민 개보험 제도를 운영한다. 전체 비용의 30% 정도 금액을 부담하면 전국의 모든 병원과 진료소에서 누구나 진료를 받는다. 그리고 수술 등으로 고액의 치료를 받았다 하더라도 본인 부담액 한도가 정해져 있다. 이런 제도가 수명 연장에 기여하는 것으로 보인다.[7]

일본도 저출생과 고령화의 여파로 의료비를 포함한 사회보장비가 급격히 증가하였다. 2017년 의료비, 요양비, 연금 등을 포함하면 약 120조 엔인데 2040년이면 190조 엔까지 치솟을 것으로 예상한다. 이

---

6. 니키 류 『일본의 커뮤니티 케어』 정형선 편역, 북마크, 2018
7. 시바하라 케이이치 『초고령사회 일본, 재택의료를 실험하다』 장학 옮김, 청년의사, 2021

것이 현재 의료보험 제도의 지속가능성에 의문을 제기하고, 정부 차원에서 의료보험 제도 개혁이 불가피한 상황이라 말하는 이유다.[8]

일본에서 2차 세계대전 종전 후 감염증 등의 급성기 질병에 대한 대응이 주요 과제였던 시대에 「의료법」이 제정되어(1948년), 공립병원을 비롯한 공적인 의료기관을 중심으로 병원의 양적 확대를 우선 도모하게 된다. 그러다 1961년 국민 개보험이 시행되면서 보험증이 있으면 전국 어느 의료기관에서도 진료받을 수 있도록 접근성이 개선되었다. 이에 따라 공공병원뿐만 아니라 민간 의료기관의 수도 크게 증가한다.[9]

1973년 노인 의료비 무료화 정책 시행을 계기로 노인의 수진율이 급격히 늘어나 국민 의료비에서 차지하는 노인 의료비 비율도 상승한다. 고령자의 생활을 지원하는 돌봄 체계가 양적으로 불충분하여, 1970년대 후반부터 1980년대 전반에는 반드시 입원이 필요하지 않아도, 집에서 간병이 어려워 병원에 입원하는 등의 이유로 병원과 병상이 확대되었다.[10]

1985년의 제1차 「의료법」 개정에 의해 도도부현 의료계획 제도가 도입되어, 소위 병상 규제 제도가 시행되었다. 병상 수가 기준을 초과하는 지역에는 원칙적으로 새로 병원 설립을 할 수 없어 병원과 병상 수 확대에 제동이 걸린다. 진료소는 1960년대 후반 이후 계속 늘었다. 1980년대 말부터 1990년대 초에 걸쳐 증가세가 약간 주춤했으나 그 후 다시 꾸준히 증가한다.[11]

---

8. 시바하라 케이이치『초고령사회 일본, 재택의료를 실험하다』장학 옮김, 청년의사, 2021
9. 최경환『일본 농촌지역의 재택의료 실태와 시사점』288 연구자료-1, 한국농촌경제연구원, 2022.12
10. 최경환『일본 농촌지역의 재택의료 실태와 시사점』288 연구자료-1, 한국농촌경제연구원, 2022.12
11. 최경환『일본 농촌지역의 재택의료 실태와 시사점』288 연구자료-1, 한국농촌경제연구원, 2022.12

「의료법」은 그 후로도 개정을 거듭하면서 특정 기능 병원[12] 제도 및 요양형 병상군의 개설(1992년), 종합병원 제도의 폐지와 지역의료 지원병원 제도의 개설(1997년), 요양 병상과 일반 병상의 구분(2000년) 등 의료 기능의 분화와 연계를 추진하기 위한 제도 개혁이 이루어졌다.[13]

일본은 다른 선진국에 비해 인구 대비 병상 수가 많고 재원 일수도 길다. 반면 입원 환자를 담당하는 의사나 간호사 수는 상대적으로 적다. 이에 일본 정부는 의료비를 절감하기 위해 병상 수와 재원 일수를 적극적으로 줄여나가는 정책을 펼친다. 또한 입원 환자에 대해 행위별 수가제 대신 포괄수가제를 도입하여 2014년경에는 전체 일반 병상의 약 55%가 포괄수가제를 적용받는다.[14]

후생노동성은 의료 시스템의 근본적인 변화 없이는 지속가능하지 않다는 위기의식 아래 2015년 '보건의료 2035' 제언서 등을 통해 변화의 방향을 제시한다. 2035년은 단카이 주니어가 65세에 도달하는 시점으로 의료보험 제도에서 하나의 고비가 될 것으로 예상한다.[15]

일본 정부는 과다한 병상과 고령화로 인한 의료 환경 변화에 대한 대응책으로 '지역의료 구상'을 내놓는다. 이는 2025년에 대비하여 병원 중심 체계에서 지역사회 돌봄 체계로 전환하면서 과다한 병상을 조정해나가는 계획이다. 이를 위해서는 지역포괄케어 시스템의 성공적인 안착이 중요한 동시 과제가 된다. 지역포괄케어 시스템과 지역의료 구상은 고령화 시대 일본 의료의 지향을 보여주는 핵심 키워드다.

12. 높은 수준의 의료를 제공하는 의료기관으로 후생노동성의 승인을 받아 지정
13. 최경환『일본 농촌 지역의 재택의료 실태와 시사점』288 연구자료-1, 한국농촌경제연구원, 2022.12
14. 시바하라 케이이치『초고령사회 일본, 재택의료를 실험하다』장학 옮김, 청년의사, 2021
15. 시바하라 케이이치『초고령사회 일본, 재택의료를 실험하다』장학 옮김, 청년의사, 2021

일본의 의료기관 현황

앞으로 이 책의 내용을 이해하는 데 필요한 일본 의료기관 현황을 정리한다. 일본은 우리나라와 마찬가지로 공공병원보다 민간병원이 많아 민간 주도의 의료공급 체계를 근간으로 한다. 그러나 우리나라보다 공공병원 비율이 높으며 민간 의료기관의 공적 성격도 강한 편이다. 일본은 선진국 중에서 입원 병상이 많은 편인데 무분별하게 민간 중심으로 병상을 확대해 온 결과다.

[표 1] 일본 의료시설의 종류[16]

구분	내용
병원	의사 또는 치과의사가 의업 또는 치과의업을 하는 장소로 20병상 이상의 입원 시설을 보유한 의료기관을 말함
일반 진료소	의사 또는 치과의사가 의업 또는 치과의업을 하는 장소(치과의업만은 제외함)로 입원 병상이 없거나 19병상 이하의 입원 시설을 보유한 의료기관을 말함
치과 진료소	치과의사가 치과의업을 하는 장소로 입원 병상이 없거나 19병상 이하의 입원 시설을 보유한 의료기관을 말함

출처: 후생노동성(2022)

의료시설의 종류는 크게 병원, 일반 진료소, 치과 진료소로 구분한다. 우리나라는 개원한 일차 의료기관을 '의원'이라 부르는데 일본은 '진료소'라 칭한다. 병원과 진료소의 구분은 입원 병상 규모에 따라 이루어진다. 우리나라는 일차의료기관인 의원은 대부분 의사 개인 또는 몇 명의 의사가 모여서 개설한다. 일본은 의료법인을 포함한 법인이 진료소를 개설하는 경우가 많아 우리나라와는 다른 환경이다. 개설 법

16. 최경환 『일본 농촌 지역의 재택의료 실태와 시사점』 288 연구자료-1, 한국농촌경제연구원, 2022.12

인의 공적 성격이 강하면 진료소도 비슷한 성격을 띤다. 우리나라처럼 병원, 종합병원, 상급종합병원과 같은 구분도 없다.

[표 2] 의료시설 개설자의 분류[17]

유형	내용
국가	후생노동성, 독립행정법인 국립병원기구, 국립대학법인, 독립행정법인 노동자건강안전기구, 국립고도전문의료연구센터, 독립행정법인 지역의료기능추진기구, 기타(국가 기관) *독립행정법인 국립병원기구, 국립대학법인, 독립행정법인 노동자건강안전기구, 독립행정법인 지역의료기능추진기구는 각각의 법률에 의해 의료법의 적용에 대해서는 국가로 간주되고 있음
공적 의료기관	도도부현, 시정촌, 지방독립행정법인, 일본적십자사, 제생회濟生會, 홋카이도 사회사업협회, 후생련, 국민건강보험단체연합회
사회보험 관계 단체	건강보험조합 및 그 연합회, 공제조합 및 그 연합회, 국민건강보험조합
의료법인	의료법인
개인	개인
기타	공익법인, 사립학교법인, 사회복지법인, 의료생협, 회사, 기타의 법인

출처: 후생노동성(2022)

의료시설 개설 주체는 국가, 공적 의료기관, 사회보험 관계 단체, 의료법인, 개인, 기타로 구분한다. [표 2]에서 공적 의료기관 중 제생회는 왕실의 하사금으로 설립한 의료기관을 지칭한다. 후생련은 일본 농협(농업협동조합)이 조합원의 건강을 위해 직접 개설하여 운영하는 의료기관들의 연합 모임이다.[18] 이들 의료기관의 수도 많고 규모가 큰 병원도 다수 있다. 우리나라 농협은 의료기관을 보유하지 않는다. 일본적십자사가 개설한 적십자병원도 우리나라보다 많고 규모도 크며 활발하게 운영 중이다. 그외 민간에서 개설하여 운영하는 의료기관들 중

---

17. 최경환 『일본 농촌 지역의 재택의료 실태와 시사점』 288 연구자료-1, 한국농촌경제연구원, 2022.12
18. 2011년 당시 114개 병원, 63개 진료소가 후생련 소속이며 약 70개 병원이 인구 5만 이하의 시정촌에서 지역의료를 담당하였다. 나가노 현에 있는 사쿠종합병원은 1천 병상 규모로 농촌 의학의 메카로서 세계적으로도 유명

에서도 명확하게 공익적 목표를 표방하는 곳이 많다. 의료생협(의료생활협동조합)이 대표적이다.[19] 공익적 민간 의료기관들이 민의련(전일본민주의료기관연합회)이라는 연대 조직을 구성하여 활동하기도 한다.[20] 민간 주도의 의료 서비스 공급체계이지만 우리나라보다 공공성이 높다.

개호보험 제도의 도입

일본은 노인 돌봄의 한계와 과중한 가족 부양 부담을 해결하기 위해 2000년 4월 개호보험 제도를 도입하였다. 개호보험 제도는 기존 노인 보건복지 제도를 사회보험 방식으로 변경시켜 수급자와 가족이 필요한 서비스를 자유롭게 선택하고 계약에 의해 서비스를 받을 수 있는 구조로 전환한 것이다.[21]

2000년대 들어서면서 일본 정부는 '지역포괄케어 시스템'을 내걸며 「의료법」과 「개호보험법」을 개정해 나간다. 2005년 「개호보험법」 개정으로 지역포괄케어에서 핵심 역할을 수행하는 지역포괄지원센터 설치 근거를 마련한다. 지역포괄케어 시스템은 중앙정부가 방향을 정하고 기본 지침을 마련하면 지자체가 구체적으로 실행해 나갔다. 개호와 의료의 접점을 찾아 나가고, 때로는 복합 또는 융합 과정을 거쳐 다양한 돌봄 체계를 만들어 갔다.

---

19. 2012년 통계를 보면 77개 병원, 348개 진료소, 12,511개 병상이 의료생협 소속
20. 전국 1,700여 의료기관이 참여. 다수의 의료생협 의료기관도 여기에 참여한다. 차액 병실료를 없애고 무료 저액 진료사업 등을 실천함
21. 황라일 외 「일본 개호보험 방문간호 정책 동향 및 시사점」 『장기요양연구』 제10권 제3호, 2022

2장

지역포괄케어 시스템

지역포괄케어 시스템은 일본이 고령화에 대응하여 내놓은 지역사회 돌봄 체계다. '지역의 실정에 따라, 고령자가, 가능한 한 정든 지역에서, 가진 능력에 따라 자립적인 일상생활을 영위할 수 있도록, 의료, 개호, 개호예방, 주거 및 자립적인 일상생활 지원 등을 포괄적으로 지원하는 체계'라 정의한다.[1]

지역포괄케어 시스템은 단카이 세대가 75세 이상 후기 고령자가 되는 2025년까지는 지역사회에서 24시간 돌봄이 가능한 연속적, 순환형 시스템 만들기를 목표로 한다.

한마디로 'Aging in Place', '익숙한 지역에서 마지막까지'라고 할 수 있다. 고령자를 지역에서 계속 돌보기 위해서는 의료와 돌봄의 연계가 필수다. 거동이 불편한 고령자를 위해서는 의료진이 가정을 방문하는 재택의료가 중요하다. 재택의료는 의사뿐만 아니라 치과의사, 간호사, 약사, 영양사, 재활치료사, 케어매니저 등 다직종의 연계가 필요하며 이러한 다직종 협력 체제를 갖추는 것이 필수 조건이다.[2]

중앙정부의 지원 아래 지자체들이 자기 지역의 상황에 맞게 적절한

---

1. 니키 류 『일본의 커뮤니티 케어』 정형선 편역, 북마크, 2018
2. 이건세 「일본 지역포괄케어 시스템의 현황과 한국 지역 통합돌봄 구축의 과제」 『대한공공의학회지』 2019 Vol. 3

방식으로 지역포괄케어 시스템을 만들어 왔다. 아울러 보험자인 시정촌과 도도부현이 지역 특성에 맞추어 만들어 가게 되므로 지역마다 조금씩 차이가 나기 마련이다.

지역포괄케어의 시작

일본에서 지역포괄케어 시스템의 선구로 꼽히는 것은 1970년대에 시작된 히로시마 현 미츠기 쵸 공립 종합병원을 거점으로 한 '미츠기 방식'이라 불리는 지역포괄케어다. 미츠기 쵸는 당시 인구 8,800여 명의 전형적인 농촌 지역으로 고령화율 16.7%였다. 이 병원 원장 야마구치 노보루山口昇는 1970년 당시 뇌졸중이나 심근경색으로 병원에 입원한 노인이 퇴원하여 집으로 돌아가면 바로 '와상 상태'로 지내다 다시 입원하는 예가 많다는 것을 깨달았다. 이에 대해 미츠기 쵸는 1975년부터 간호 및 의료를 가정에 '배달'하는 서비스를 시작하여 와상 방지에 힘쓰기로 했다. 이때부터 보건, 의료, 복지를 통합적으로 시행하는 '와상 생활 예방' 실천을 지역포괄케어라고 부르게 된다.[3]

1984년 지자체로부터 지원을 받아 병원 부설로 설립된 건강관리센터에는 지자체의 보건복지 관련 부서 및 사회복지협의회를 상주시킴으로써 의료와 복지의 통합 지원을 강화한다. 1989년부터는 의료와 긴밀한 연계를 통한 케어 서비스 제공을 위해 병원 부지 내 노인 보건시설을 설립하고, 이후 방문간호, 케어하우스, 그룹홈 등의 요양 서비스 시설들이 추가되었다.[4]

3. 이건세 「일본의 지역포괄케어와 커뮤니티 케어의 과제」 『월간복지동향』 2018.8.1
4. 오세웅 「일본 히로시마 현 미초기 쵸의 도전과 성과」 『복지타임즈』 2020.5.22

통합돌봄 기반 만들기 10여 년이 지난 시점부터 그 성과가 구체적으로 나타나기 시작한다. 첫째, 와상 노인 수의 감소다. 미츠기 쵸는 히로시마 현에서 재가 와상 노인 비율이 가장 높았으나, 지역포괄케어가 도입된 10년 후부터 그 비율이 눈에 띄게 감소(1% 이하)했다. 둘째, 의료비 상승의 둔화다. 미츠기 쵸의 노인 의료비는 1987년까지 히로시마 현의 평균을 웃도는 수준이었지만, 그 이후로는 평균 이하로 감소되어 유지된다. 셋째, 건강진단을 받는 주민 수가 증가한다. 미츠기 쵸의 건강검진 실시율은 히로시마 현 전체와 비교해서 매우 높은 수준이다.[5]

미츠기 방식은 복합 의료복지시설이라는 거점을 활용한 의료, 요양, 예방 및 복지 서비스의 통합화를 통해 분절적 서비스 제공의 한계를 개선한다. 이러한 복합시설 혹은 서비스 거점 구축을 통한 방식이 미츠기 쵸에서 성과를 보일 수 있었던 것은 소규모 지자체라는 특성을 간과할 수 없다. 즉 의료기관 및 요양, 복지 서비스 제공기관이 소수고 밀집되었기 때문에 기관 간 인력 및 기능의 연계 협력이 비교적 수월하였다.[6]

그러나 미츠기 방식은 병원 기반의 시스템으로 현재 지역포괄케어 시스템이 상정하는 지역 기반 시스템과는 차이가 있다. 2000년대 이후 제도화 구상 단계에서도 이런 문제들이 지적되면서 오히려 후생노동성은 오노미치 시尾道市 의사회의 '의료, 복지 및 개호의 연계 사업'을 모델로 삼았다.[7] 이 모델은 각 영역 간 기능적 '네트워크 구축 방식'

---

5. 오세웅 「일본 히로시마 현 미초기 쵸의 도전과 성과」 『복지타임즈』 2020.5.22
6. 오세웅 「일본 히로시마 현 미초기 쵸의 도전과 성과」 『복지타임즈』 2020.5.22
7. 니키 류 『일본의 커뮤니티 케어』 정형선 편역, 북마크, 2018

을 추구한다.

오노미치 모델의 최대 특징은 급성기에서 회복기로 전환하여 집으로 퇴원하고자 할 때, 주치의 의료기관에서 적어도 15분 정도 사례 검토회가 철저하게 이루어진다는 점이다. 이를 통해 이용자와 가족의 의사를 공유하고 이에 근거하여 적절한 돌봄 플랜을 작성하고 포괄적인 서비스를 제공하게 된다. 또한 사례 검토회를 통해 다직종 협동의 네트워크를 실현하고자 시도한다. 이러한 체계에 의해 여러 질병을 앓는 고령의 만성 환자가 장기적으로 계속해서 집에서 요양을 받을 수 있게 된다.[8]

이후 일본 정부는 지역포괄케어 시스템 관련 기본 방침을 정할 때 특정 모델을 통한 일률적 추진이 아니라 지역 특성과 주민 욕구, 재정 상황 등을 충분히 고려하여 다양한 방식을 모색할 것을 강조한다. 일본의 지역포괄케어는 제도 및 정책에 근거한 전달체계 혹은 기반 구축을 의미하는 '시스템'이라는 용어가 적합하지 않다는 지적이 나오는 것도 그런 이유에서다.[9]

지역포괄케어의 전망

지역포괄케어 시스템이 필요한 이유는 여러 가지다. 첫째는 의료와 개호의 일체화, 포괄화 요구다. 의료 서비스는 의료보험에서 지급되고 개호 서비스는 개호보험에서 지급된다. 양자는 사회보험이라는 점에서는 같지만 각각의 서비스 제공 주체와 서비스 내용, 전문인력,

---

8. 석재은 외 『장기요양 재가 서비스 개편 방안 연구』 한국노인복지학회 2016년 11월
9. 오세웅 「일본 히로시마 현 미초기 초의 도전과 성과」 『복지타임즈』 2020.5.22

보험의 업무가 다르다. 그러나 서비스를 이용하는 당사자는 어디까지나 한 사람이며 그 요구에 맞도록 의료와 개호 서비스를 돌봄 사이클의 흐름에 따라 끊임없이 원활하게 제공할 필요가 있다. 둘째 이유는 2030년경부터 단카이 세대의 대규모 사망 시대를 앞두고 있기 때문이다. 현재는 연간 총 사망자 수가 120만 명 정도지만 2030년대에는 무려 연간 165만 명에 이를 것으로 예상한다. 이와 같은 추계가 현실이 되면 단카이 세대 47만여 명(사망자의 28%)은 사망할 병상을 구하지 못하는 사태가 예상된다. 죽을 병상을 찾아 방황하는 '사망 장소 난민'의 시대가 올 수도 있다. 이런 암담한 미래를 피하고자 가정에서 임종을 맞이하는 방안들을 준비하게 된다.[10] 지역포괄케어 시스템이 만들어져도 사망 장소는 계속 병원일 가능성이 높고(비율은 점차 감소함) 노인시설이나 서비스 제공형 고령자 주택 등 '자택 이외의 재택'이 이를 보완할 것이다.[11]

후생노동성은 지역포괄케어를 확대하여 환자를 병원에서 '재택의료 등'으로 이전하는 것을 목표로 하였다. 그러나 자택 사망 비율의 증가 또는 이에 따른 비용 억제를 기대하지는 않는다. '재택생활의 한계점'을 높이는 게 목표다. 가능한 한 입원과 입소를 억제하여 재택생활 기간을 연장하는 것이다.

지역포괄케어 시스템이 의료와 돌봄 비용을 줄이지는 못할 것이다. 중증 환자는 오히려 시설 돌봄보다 재택 돌봄 비용이 더 클지도 모른다. 후생노동성도 초기에는 의료비 억제를 기대하였으나 지금은 그런

---

10. 이건세 「일본의 지역포괄케어와 커뮤니티케어의 과제」 『월간 복지동향』 2018.8.1
11. 니키 류 『일본의 커뮤니티 케어』 정형선 편역, 북마크, 2018

언급을 하지 않는다.[12]

　지역포괄케어 시스템은 전국 일률적으로 시행되는 시스템이 아니라 각 지역마다 자체적으로 이루어지는 네트워크다. 그래서 지역마다 방식이나 역사적 배경이 전부 다르다. 처음에는 개호보험 제도 개혁의 일환으로 제기되었으나 그 후 개념이 변화, 확대되어 현재는 의료제도와 개호제도 동반 개혁의 대명사가 되었다. 지역포괄케어를 추진하기 위해서 의료와 복지의 경계를 넘어 여러 직종이 연계하는 것이 불가피한 이유다.[13]

　전국의 모든 지역이 대상이지만 실제 고령 인구가 급증하는 도시 지역 특히 도쿄를 중심으로 하는 수도권이 주요 대상이 되었다. 지방은 이미 고령화가 진행되어 대부분 추세가 완만해지거나 일부는 오히려 고령 인구가 줄어 인구당 병원 수나 고령자 입소 시설도 많은 편이다. 고령화가 진행된다면 도시 지역에서 재택 중심의 지역포괄케어로 대응할 필요성이 커진다.

　지역포괄케어는 법적으로 65세 이상의 고령자를 대상으로 하고 있지만 전 세대로 확대하는 문제에 대해 논의가 진행 중이다. 정신장애인 문제에도 대처하는 포괄케어에 대한 논의도 있다.[14]

　최근 '지역공생사회'라는 큰 틀 속에서, 장애인, 아동, 보육, 생활 곤궁(저소득층 대책) 등 지역사회의 다양한 복지 수요를 포괄하는 방향으로 정책 전환이 이루어져, 포괄적 지원 시스템 구축이 추진된다. 그러나 지역포괄지원센터를 비롯한 노인 중심의 지역포괄케어 기관의 대

---

12. 니키 류 『일본의 커뮤니티 케어』 정형선 편역, 북마크, 2018
13. 니키 류 『일본의 커뮤니티 케어』 정형선 편역, 북마크, 2018
14. 니키 류 『일본의 커뮤니티 케어』 정형선 편역, 북마크, 2018

상 다변화를 위한 재정 및 인력확충 문제, 다양한 복지 욕구에 대한 통합 상담 창구 설치와 활성화 부족과 같은 해결과제가 남는다.[15]

법률과 제도 정비

일본에서 지역사회 돌봄에 대해 언급하기 시작한 것은 1970년대부터다. 인구의 도시 집중, 핵가족화, 산업화 등으로 지역사회가 급격하게 변하면서 어떻게 지역사회를 재구축해 나갈 것인가가 과제가 되었다. 1980년대에는 '주민 참여형 재택복지 서비스' 방식이 확산되었다. 1989년에 정부에 의해 고령자 보건복지 추진 10개년 전략(골드플랜)이 제시되어 일본에서 처음으로 특별양호노인홈 등의 시설 서비스와 홈 헬프Home Help 서비스, 데이 서비스 등의 재택복지 서비스의 정비 목표가 세워졌다. 2000년도에 「개호보험법」이 시행되면서 각 시정촌은 3년마다 개호보험 사업계획을 책정하여 개호 서비스를 정비해 나갔다.[16]

지역포괄케어 시스템이 정부 문서에 처음 언급된 것은 2003년 6월 발표된 고령자개호연구회(후생노동성 노건국장의 사적 검토회)의 보고서 「2015년의 고령자 개호: 고령자의 존엄을 지원하는 케어의 확립을 위해서」로 이때는 개호를 중심으로 한 개념이었다. 이후 실제 정책으로 주목받기 시작한 것은 2005년 「개호보험법」 1차 개정에서 비롯된다. 이를 통해 지역포괄지원센터 설립을 위한 근거를 마련하게 된다.[17]

---

15. 오세웅 「일본, 지역사회 바탕으로 다양한 주체 간 협력·연계」 『복지타임즈』 2020.6.24
16. 이진아, 한정원 「일본 지역포괄지원센터를 중심으로 한 커뮤니티 케어 고찰」 『세계지역학회논총』 제37집 3호, 2019
17. 임정미 「일본의 지역포괄케어 시스템 : 지역포괄지원센터를 중심으로」 『국제사회보장리뷰』 2018 여

그러나 실제 2004-2008년은 지역포괄케어 시스템의 법적, 행정적 공백기에 해당하는데 이때는 고이즈미 내각이 의료비와 개호비를 중심으로 사회보장비 억제 정책을 단행한 시기다. 2009년에 지역포괄케어 연구회 보고서를 통해 다시 논의가 활성화되기 시작하였다.[18]

2011년과 2014년 두 차례의 「개호보험법」 개정을 통해 2025년을 목표로 지역사회에서 24시간 돌봄이 가능한 지역포괄케어 시스템 구축을 위한 국가와 지자체의 의무를 규정하였다.[19]

2014년 6월 국회에서 개호와 의료 개혁을 위해 「지역의 의료 및 개호의 종합적인 확보를 추진하기 위한 관계 법률의 정비 등에 관한 법률안」(이하 「의료개호일괄법」)이 통과되었다. 이 법은 「의료법」의 개정이나 「개호보험법」 개정 등을 합쳐 19개의 개정안을 일괄로 묶은 법으로 가장 큰 정책 과제는 지역포괄케어 시스템의 구축이었다. 제1조(목적)는 '지역에서 효율적이고 질 높은 의료 제공 체제를 구축함과 동시에 지역포괄케어 시스템을 구축한다'고 명기하였다. 제2조(정의)는 '지역의 실정에 따라, 고령자가, 가능한 한 정든 지역에서, 가진 능력에 따라 자립적인 일상생활을 영위할 수 있도록, 의료, 개호, 개호예방, 주거 및 자립적인 일상생활의 지원이 포괄적으로 확보되는 체계'로 정의한다. 지역포괄케어 시스템은 병원을 포함하여 의료와 개호 관련 일체의 개혁 중심축이 되었다.[20]

2017년에는 분리된 각각의 제도로는 서비스 통합에 한계가 있다는

름호 Vol5. pp.67-77
18. 니키 류 『일본의 커뮤니티 케어』 정형선 편역, 북마크, 2018
19. 임정미 『일본의 지역포괄케어 시스템 : 지역포괄지원센터를 중심으로』 『국제사회보장리뷰』 2018 여름호 Vol 5. pp.67-77
20. 임선미 외 『초고령사회 대비 일차의료 중심의 의료돌봄 통합체계 연구』 의료정책 연구소 연구보고서 2022-18

지적에 따라 「개호보험법」을 비롯한 「노인복지법」 「의료법」 「아동복지법」 「노인학대방지법」 등 31개 법률을 같이 묶어 개정 법률을 마련하는 등 지역포괄케어 시스템의 기능 강화(분야별 서비스 통합 제공의 근거 마련)에 주력하였다.[21] 이 법률에 근거해 노인 자립 지원과 중증화 방지, 더 나아가 지역공생사회 실현을 목표로 노인뿐 아니라 장애인, 아동 등 지원 대상을 통합한 서비스 전달체계의 재구조화를 진행 중이다.

지역포괄케어 시스템의 체계

지역포괄케어 시스템에서 기본 단위로 설정하는 지역은 '일상생활 권역'으로 전국에 약 1만 개 있는 중학교 구역과 거의 같고, 인구 약 1만 명 정도를 대상으로 한다. 의료와 돌봄 등 다양한 서비스가 필요한 이용자가 30분 이내 거리의 지역포괄지원센터(1차 종합 상담 기관)를 통해 여러 서비스를 누락 없이 이용할 수 있도록 지원하는 것을 목표로 한다.[22]

그러나 지역주민을 기반으로 한 실제 서비스나 사업은 더 작은 소지역 단위(초등학교 구역, 인구 1만 명 이하)로 전개된다. 일상생활 권역을 중심으로 한 주민 참여 관련 사업은 개호보험 사업계획뿐 아니라, 그 상위 계획인 시정촌 지역복지 계획 및 지역복지 활동계획에도 반영되어

---

21. 임정미 「일본의 지역포괄케어 시스템 : 지역포괄지원센터를 중심으로」 『국제사회보장리뷰』 2018 여름호 Vol5. pp.67-77
22. 임정미 「일본의 지역포괄케어 시스템 : 지역포괄지원센터를 중심으로」 『국제사회보장리뷰』 2018 여름호 Vol5. pp.67-77

지역복지 활동의 일환으로 추진되는 예가 많다.[23]

한편 의료계획에서는 외래 진료가 중심이 되는 1차 의료권(시정촌 단위), 입원 치료가 가능한 2차 의료권, 고도의 의료 서비스 제공을 담당하는 3차 의료권으로 구분한다. 의료 서비스와 관련해서는 이용자의 증상 및 질환 정도에 따라서 일상생활 권역을 벗어나 광역 단위 네트워크를 구축하기도 한다. 의료기관의 과부족에 대한 전체적인 정비계획과 관리 또한 중요한 요소다.[24]

지역포괄지원센터는 코디네이터 역할을 수행하는 행정기구로 간호사, 사회복지사, 케어매니저가 근무하며 지역포괄케어에 관한 각종 상담과 정보 제공, 케어플랜의 작성 등을 담당한다.[25] 지역포괄케어를 위하여 지역포괄지원센터와 재택의료 연계거점을 설치하고 지역케어회의를 추진하도록 하였다. 지역케어회의는 의료와 개호 관련 다양한 직종이 참여하여 고령자와 관련된 개별 과제 해결, 네트워크 구축, 지역 과제 발견, 지역 자원 개발, 정책 개발 등의 기능을 수행한다.

재택의료 연계거점은 진료소, 방문간호 스테이션 등을 중심으로 다직종 협력에 의한 재택의료 지원 체제를 구축하고, 의료와 개호를 연계하여 지역에서 포괄적이고 지속적인 재택의료를 제공하는 것을 목표로 한다. 지역포괄케어 관련 각종 가이드라인이 준비되어 있으나 각 지방자치단체는 지역의료 계획과 개호 계획을 중심으로 각 지역의 특성에 맞는 시스템을 구축하려고 노력한다.[26]

---

23. 오세웅 「일본, 지역사회 바탕으로 다양한 주체 간 협력·연계」 『복지타임즈』 2020.6.24
24. 오세웅 「일본, 지역사회 바탕으로 다양한 주체 간 협력·연계」 『복지타임즈』 2020.6.24
25. 「일본의 커뮤니티 케어 추진과 사례」 『의료&복지뉴스』 2018.5.15
26. 「일본의 커뮤니티 케어 추진과 사례」 『의료&복지뉴스』 2018.5.15

지역포괄케어의 특징[27]

후생노동성 「지역포괄케어 연구회 보고서」를 보면 지역포괄케어 시스템은 5개의 구성 요소가 있는데, 30분 이내 거리의 일상생활 권역을 상정하여 ① 삶 ② 의료 ③ 개호 ④ 개호예방 ⑤ 생활 지원 등 서로 연계하여 통합 제공한다고 한다.

지역포괄케어 시스템의 기초는 삶이다. 익숙한 지역에서 자신의 생활을 영위하면서 이웃 주민과 연대감을 유지하고 행복하게 살아가는 것을 의미한다. 병에 걸리면 병원(급성기 병원), 아급성기 병원(회복기 재활병원), 만성기 병원(노인병원)과 외래 진료(주치의, 치과의사, 약국 등) 등을 연계하여 통원이나 입원 치료를 받을 수 있다. 또한 재택의료, 방문간호, 방문재활 등도 이용한다.

개호가 필요하게 되면 시설이나 거주형 서비스(생활 시설을 의미함. 개호노인복지시설, 개호노인보건시설, 인지증그룹홈, 특정시설 입소자 생활개호 등) 또는 재택 서비스[28] 등을 이용한다.

개호예방을 추진하여 지원이나 개호가 필요하지 않은 최대한 건강한 상태를 유지하도록 한다. 생활 지원은 다양한 전문가에 의한 공식적 지원부터 가족이나 이웃에 의한 비공식적 지원까지 폭넓게 가능하다.

살아가며 의료가 필요하게 되면 지역의 의료기관에서 진료를 받거나 급성기 병원 또는 아급성기 병원(회복기 재활)에 입원한다. 퇴원 후에는 지역에서 생활한다. 그리고 개호가 필요하면 개호 서비스를 이용하

---

27. 윤재호 「일본 커뮤니티 케어와 보건·의료·복지 복합」 『의료&복지뉴스』, 2019.8.7
28. 방문개호, 방문간호, 통소개호, 단기입원 생활개호, 소규모 다기능형 거택개호, 24시간 대응의 방문 서비스, 복합형 서비스(소규모 다기능형 거택개호 + 방문간호)

게 된다. 이와 같이 '삶, 의료, 개호, 개호예방, 생활 지원의 연대와 협력'은 지역포괄지원센터에서 케어매니저의 상담과 서비스 연계를 통해 이루어진다. 지역에 거점을 두고 지역 내에서 필요와 공급을 일치시키는 자기 완결적 구조를 '지역포괄케어 시스템'으로 이해할 수 있다.

지역포괄케어는 의료에서 개호로, 병원과 시설에서 지역과 재택으로 전환을 목표로 한다. 지역에서 의료와 개호를 통합적으로 제공하여 익숙한 환경에서 자신의 삶을 최대한 이어갈 수 있도록 하는데 촛점을 맞춘다.

젊은 사람들은 건강하게 지내다 갑자기 몸이 아프면 병원에 간다. 치료 후 건강을 회복하여 다시 자신의 삶으로 돌아온다. 그러나 노인은 상황이 다르다. 병원에서 치료받고 다시 자신의 일상으로 돌아오는 것이 쉽지 않다. 외부 도움이 필요하여 개호 서비스를 받게 되는 경우가 많이 발생한다. 집으로 돌아오지 못하고 요양병원, 재활병원 또는 개호시설을 이용하기도 한다. 이렇게 병원, 개호시설 또는 재가 서비스를 넘나들며 생활하다 보면 어느덧 몸과 마음은 지치게 되고, 자신이 살아가는 지역과는 조금씩 멀어지게 된다. 그래서 요양병원과 개호시설에 들어가고 싶지 않아 하는 당사자와 보호자들이 많다. 정든 지역에서 가능한 자신의 삶을 살 수 있도록 돕기 위해 통합돌봄 정책을 추진한다. 퇴원 후 지역사회로 복귀하지 못하면 의료 서비스에서 바로 복지 서비스로 넘어가도록 한다. 의료의 출구가 복지의 입구가 되도록 하는 것이다.

아프면 병원 가고, 재활치료를 받은 뒤, 복지 서비스를 받게 된다. 이런 과정이 반복된다. 그러다 죽음이 임박하면 다시 의료 서비스에 의존하게 되는데 이 모든 과정이 자신이 거주하는 지역 안에서 이뤄진다.

일본 지역포괄케어의 핵심은 바로 연대와 협력에서 찾을 수 있다. 가장 중요한 것은 지역에서 살아가는 한 사람에게 돌봄이 필요할 때, 지역의 다양한 자원들에 대한 정보를 나누고 자원들 간의 연계를 통해 자기가 살던 지역 안에서 최대한 오래 살아갈 수 있도록 돕는 것이다. 지역 내 연대와 협력을 통해 시설의 장기입소나 병원의 장기입원을 가능한 막는 것을 의미한다. 이는 결과적으로 의료와 복지 서비스의 재정 부담을 줄이는 효과를 낳는다. 고령화에 따라 돌봄 문제가 심각해지면서 재정 압박도 커지는데 지역포괄케어 시스템은 이런 부담을 조금이라도 완화시킬 수 있는 완충 장치인 셈이다.

지방자치단체의 역할

일본의 기초 지방자치단체는 시정촌이다. 우리나라의 시군구 정도에 해당할 것이다. 지역포괄케어 시스템에서는 시정촌이 주체가 되어 의료와 개호를 연결해 진료소나 병원에 다닐 수 없는 요개호자를 재택 지원하게 된다. 어느 장소에 어떤 시설이 있고 의사가 몇 명인지 등 지역의 자원을 파악하고 예산을 확보하는 게 시정촌의 역할이다.

시정촌이 이를 담당한다는 것은 지역 특성이나 자원을 잘 이해하는 주체가 직접 시스템을 만들어 간다는 의미다. 그래야 각 지역의 특징과 자원을 잘 반영할 수 있다. 지역포괄케어는 지역마다 시스템이 조금씩 다를 수밖에 없다.

각 시정촌은 PDCA 사이클을 돌리며 시스템을 검증한다. Plan(계획) → Do(실행) → Check(측정 평가) → Action(대책 개선)의 사이클을 반복하는 것이다. 지역포괄케어 시스템을 구축만 해놓고 끝내는 것이 아니

라, 지역에 거주하는 고령자에게 적합한 서비스가 실제 이루어지는지 검토하고 개선한다.[29]

지역포괄케어 시스템 개호보험의 운영 주체(보험자)인 도도부현 및 시정촌이 지역주민의 이해와 협력 속에 치매 관리체계(치매 케어 패스)를 구축하고 의료 서비스와 개호 서비스를 지원, 연계한다. 또한 케어매니저 육성, 다직종 및 기관 간 협력체계 구축, 케어플랜 논의의 장 마련 등의 역할도 수행한다.[30]

[표 3] 지역포괄케어에서 일본 지방자치단체의 역할 [31]

역할	내용
케어매니저 육성	-케어매니저 양성을 위한 연수 또는 연구회 개회 -지역포괄지원센터 종사자 또는 주임 케어매니저 연계
협력체제 구축	-지역케어회의, 연수회 등에 참여하는 다양한 직종의 종사자, 각종 기관 간 연계와 협력 체제 구축
케어플랜 논의의 장 마련	-필요한 인원 체제와 예산 확보 -다직종 간 케어플랜 관련 논의 -치매 환자 포함한 노인의 자립 지원이나 중증화 예방이라는 관점에서 지역케어회의나 케어 매니지먼트 연수회 운영

지역포괄지원센터

「개호보험법」에서 지역포괄지원센터는 '지역주민 심신 건강의 유지 및 생활 안정을 위해 필요한 지원을 실시하여 보건의료 향상 및 복지 증진을 포괄적으로 지원하는 것을 목적으로 하는 시설'(「개호보험법」 제115조 46 제1항)이라고 규정한다. 고령자가 자신이 익숙한 지역에서

---

29. 이연지 「일본의 노인과 함께 사는 마을 만들기 '지역포괄케어'」 『브라보 마이 라이프』 2023.8.24
30. 탁가영 외 『국제 치매 정책 동향 2020』 보고서 NIDR-2001-0030, 중앙치매센터, 2020.12.31
31. 탁가영 외 『국제 치매 정책 동향 2020』 보고서 NIDR-2001-0030, 중앙치매센터, 2020.12.31

안심하고 지낼 수 있도록 포괄적이며 지속적인 지원을 시행하는 지역포괄케어를 실현하는 데 중심적 역할을 수행하는 기관이다.[32]

지역포괄지원센터는 각 지역의 중학교 권역을 중심으로 설치되는데, 이는 걸어서 30분 이내 거리에서 24시간 365일, 필요로 하는 서비스를 이용할 수 있도록 하기 위한 것이다. 설립 주체는 시정촌이며 직접 운영하거나 위탁하게 된다. 각 지역의 센터에는 보건사[33](혹은 간호사), 사회복지사, 주임 케어매니저[34] 등이 배치되어 개별 문제를 다학제 관점에서 접근함으로써 문제 상황에 더욱 적합한 지원 계획을 세운다.[35]

지역주민의 편의를 고려하여 가까운 곳에서 상담을 받을 수 있도록 지소를 두는 것도 가능한데 이 경우 운영비의 일부를 협력비로 지소에 지출하기도 한다. 기본적인 업무와는 별도로 시정촌이 재택의료와 개호연계 추진사업, 생활지원 체계 정비사업, 치매 종합지원사업의 전부 혹은 일부를 지역포괄지원센터에 위탁하는 것도 가능하다.[36]

지역포괄지원센터는 지역포괄케어 시스템의 핵심 실행 기관으로 재택의료와 개호연계, 치매 조기 집중지원, 포괄적 지원 업무, 간호예방 케어 매니지먼트, 개호예방 촉진, 지역케어회의, 생활지원 코디네이터 등의 기능을 수행한다.[37]

지역포괄지원센터가 통합 창구가 되어 의료와 복지를 연계하고 지

---

32. 이진아, 한정원 「일본 지역포괄지원센터를 중심으로 한 커뮤니티 케어 고찰」『세계지역학회논총』 제37집 3호, 2019
33. 보건사는 소정의 전문교육을 받은 후 건강교육, 보건지도와 같은 공중위생 활동을 실시하는 지역간호 전문가를 말한다. 이들은 주로 각 지역의 보건소, 학교의 보건센터에서 근무함
34. 각 지역의 케어매니저를 통합 관리하는 역할을 담당하는 전문직으로, 케어 플랜 작성이나 지원 곤란 사례에 대해 고민하는 케어매니저를 상담함
35. 임정미 「일본의 지역포괄케어 시스템 : 지역포괄지원센터를 중심으로」『국제사회보장리뷰』 2018 여름호 Vol5. pp.67-77
36. 이진아, 한정원 「일본 지역포괄지원센터를 중심으로 한 커뮤니티 케어 고찰」『세계지역학회논총』 제37집 3호, 2019
37. 황라일, 이정석, 권진희 「일본 개호보험 방문간호 정책 동향 및 시사점」『장기요양 연구』 제10권 제3호, 2022

역케어회의를 운영한다. 센터의 주요 인력인 케어매니저는 케어 플랜 수립과 함께 의료, 돌봄, 복지 서비스 연계, 모니터링, 사후관리 등 사례관리를 담당한다.[38]

지역포괄지원센터의 사업 내용

지역포괄지원센터의 사업 내용은 크게 5가지로 분류할 수 있다([표 4]). ① 포괄적 지원사업 ② 다직종 협력에 의한 지역포괄지원 네트워크 구축 ③ 지역케어회의 실시 ④ 지정 개호예방 지원 그리고 ⑤ 기타 사업이다.

[표 4] 지역포괄지원센터의 사업[39]

지역포괄지원센터의 사업 내용
(1) 포괄적 지원사업 　① 종합상담 지원 업무 　② 권리수호 업무 　③ 포괄적이고 지속적인 케어 매니지먼트 지원 업무 　①부터 ③까지의 업무 외에 제1호 개호예방 지원사업을 실시 　또한 이러한 업무와 별도로 아래 ④부터 ⑥과 같은 시정촌 사업 중 전부 　혹은 그 일부를 센터에 위탁하는 것이 가능함 　④ 재택의료와 개호연계 추진사업 　⑤ 생활지원 체제 정비사업 　⑥ 치매 종합지원사업 (2) 다직종 협력에 의한 지역포괄지원 네트워크 구축 (3) 지역케어회의 실시 (4) 지정 개호예방 지원 (5) 기타

출처: 후생노동성(2018)

첫 번째 포괄적 지원사업은 지역주민의 보건의료 향상 및 복지 증진을 포괄적으로 지원하기 위해 종합상담 지원 업무, 권리수호 업무, 포

---

38. 탁가영 외, 『국제 치매 정책 동향 2020』, 보고서 NIDR-2001-0030, 중앙치매센터, 2020.12.31
39. 이진아, 한정원, 「일본 지역포괄지원센터를 중심으로 한 커뮤니티 케어(community care) 고찰」, 『세계지역학회논총』 제37집 3호, 2019

괄적이고 지속적인 케어 매니지먼트 지원 업무 이외에 개호예방 지원 사업이 포함된다. 지역포괄지원센터의 운영에서 다양한 기능의 연계가 중요하기 때문에 시정촌이 센터 운영을 위탁할 때는 연계 업무까지 일괄적으로 위탁해야 한다.[40]

종합상담 지원 업무는 고령자가 자신이 익숙한 지역에서 안심하고 살 수 있도록 어떤 지원이 필요한가를 파악하여 적절한 보건, 의료, 복지 서비스 관련 기관 또는 제도 이용으로 연결하는 지원을 실시하는 것이다. 업무 내용으로는 초기 단계 상담 대응 및 지속적이고 전문적인 상담 지원, 그 실시에 있어서 필요한 네트워크 구축, 지역 고령자의 상황에 대한 실태 파악 등이 있다.[41]

권리수호 업무는 지역주민이나 민생위원, 케어매니저 등의 지원만으로는 문제가 충분히 해결되지 않아 곤란한 상황에 놓인 고령자에 대해 전문적이고 지속적으로 지원하는 것이다. 업무 내용으로는 성년후견제도 활용 촉진, 노인복지시설 등으로 조치 지원, 고령자 학대에 대한 대응, 소비자 피해 방지에 관한 여러 제도를 활용하여 고령자 생활 유지를 도모하는 것이다.[42]

포괄적이고 지속적 케어 매니지먼트 지원은 고령자 개개인의 상황이나 변화에 대응하여 포괄적이고 지속적인 지원을 실현하기 위해 지역에서 연계와 협력체계를 만드는 것과 이를 담당하는 케어매니저에 대한 지원을 실시하는 것 등을 포함한다. 지역케어회의 등을 통해 자

---

40. 이진아, 한정원 「일본 지역포괄지원센터를 중심으로 한 커뮤니티 케어 고찰」『세계지역학회논총』 제37집 3호, 2019
41. 이진아, 한정원 「일본 지역포괄지원센터를 중심으로 한 커뮤니티 케어 고찰」『세계지역학회논총』 제37집 3호, 2019
42. 이진아, 한정원 「일본 지역포괄지원센터를 중심으로 한 커뮤니티 케어 고찰」『세계지역학회논총』 제37집 3호, 2019

립 지원에 도움이 되는 돌봄 체계를 구축하고, 지역 내 케어매니저 네트워크 구축 및 활용, 케어매니저에 대한 일상적 개별 지도 및 상담, 지원 곤란 사례 등에 대한 지도 및 조언 등을 시행하게 된다.

두 번째 사업은 다직종 협력에 의한 지역포괄지원 네트워크를 만드는 것이다. 포괄적 지원사업을 효과적으로 실시하기 위해서는 개호 서비스뿐 아니라 지역 내 보건, 복지, 의료 서비스나 자원봉사 활동, 비공식적 서비스 등 다양한 사회적 자원의 유기적 연계가 가능하도록 분위기를 조성하는 게 중요하다. 지역포괄지원센터 단위의 네트워크, 시정촌 단위의 네트워크, 시정촌 권역을 넘어선 네트워크 등 지역 특성에 맞는 네트워크 구축에 의해 지역 관계자와 상호 유대를 구축하고 일상적인 연계가 이뤄질 수 있도록 해야 한다.[43]

세 번째 사업은 지역케어회의의 구성과 실행이다. 지역케어회의의 기능은 개별 과제의 해결, 지역포괄지원 네트워크의 구축, 지역 과제의 발견, 지역 만들기, 자원 개발 그리고 정책 개발 등이다. 지역케어회의는 의사, 개호 전문가, 자치회장, NPO법인, 사회복지법인, 자원봉사자 등 지역의 다양한 관계자가 협력하여 케어매니저의 활동을 지원하게 된다. 지역케어회의는 첫째, 개별 사례 검토를 통해 고령자 자립 지원 케어 매니지먼트를 지원하는 것이다. 그리고 고령자 실태 파악이나 과제 해결을 위한 네트워크의 구축, 개별 사례의 과제 분석을 통한 지역 과제 파악 등이다. 둘째, 지역 만들기, 자원 개발, 정책 개발 등 지역 실정에 따라 필요하다고 인정된 사항을 검토한다. 그리고 케어매니저의 질 향상에 도움이 되도록 시정촌 내 전체 케어매니저가 연 1회 지

---

43. 이진아, 한정원, 「일본 지역포괄지원센터를 중심으로 한 커뮤니티 케어(community care) 고찰」, 『세계지역학회논총』 제37집 3호, 2019

역케어회의의 지원을 받을 수 있도록 한다.[44]

네 번째 사업은 지정 개호예방 지원에 관한 것이다. 지정 개호예방 지원은 개호보험에서 대상자가 개호예방 서비스를 적절하게 이용할 수 있도록 심신 상태나 환경 등을 감안하여 개호예방 서비스 계획을 적절하게 작성하는 것이다. 동시에 계획에 따라 서비스 제공이 가능하도록 사업자 등 관계 기관과 업무 조정을 시행한다.[45]

지역포괄지원센터의 현황

지역포괄지원센터는 2022년 기준 전국에 5,404개소가 설치되어 있고, 지소까지 포함하면 7,409곳이며, 꾸준하게 증가했다.

[표 5] 지역포괄지원센터 설립 수

연도	센터 수
2006	3,436
2007	3,831
2010	4,065
2013	4,484
2014	4,557
2015	4,685
2016	4,905
2021	5,351
2022	5,404

지역포괄지원센터의 설립 주체는 시정촌 혹은 시정촌에서 위탁을 받은 법인이다. 노인개호지원센터(재택개호지원센터)의 설치자, 지방자

---

44. 이진아, 한정원 「일본 지역포괄지원센터를 중심으로 한 커뮤니티 케어 고찰」『세계지역학회논총』 제37집 3호, 2019
45. 이진아, 한정원 「일본 지역포괄지원센터를 중심으로 한 커뮤니티 케어 고찰」『세계지역학회논총』 제37집 3호, 2019

치법에 근거한 일부 사무조합 혹은 광역연합을 조직한 시정촌, 사회복지법인, 의료법인, 포괄적 지원사업 실시를 목적으로 설립한 공익법인 혹은 NPO법인, 기타 시정촌이 적당하다고 인정하는 법인들이 이에 해당한다. 지역포괄지원센터 설립 주체 현황을 보면 시정촌이 직접 운영하는 경우가 2016년 26.0%였으나 2021년 20.5%로 감소하였고, 위탁 운영은 2016년 73.9%에서 2021년 79.5%로 증가하였다. 시정촌 직접 운영보다 위탁 운영이 훨씬 많은 비율을 차지한다.

지역포괄지원센터 직원 수는 [표 6]처럼 담당하는 피보험자 인원에 따라 달라진다. 센터 한 곳당 직원(센터장, 사무직원 등은 제외) 수가 3인 이상 6인 미만이 가장 많은 48.1%로 나타났다. 그 이상 규모 센터의 비율은 감소 추세다.[46]

[표 6] 지역포괄지원센터의 직원 수[47]

제1호 피보험자 수	배치해야 할 인원
약 1,000명 미만	보건사 등·사회복지사 등·주임 케어매니저 등에서 1인 혹은 2인
약 1,000명 이상 2,000명 미만	보건사 등·사회복지사 등·주임 케어매니저 등에서 2인(이 중 1인은 전적으로 그 직무에 종사하는 상근 직원으로 할 것)
약 2,000명 이상 3,000명 미만	전적으로 그 직무에 종사하는 상근 보건사 등을 1인 혹은 전적으로 그 직무에 종사하는 상근 사회복지사 등·주임 케어매니저 등 중에서 1인

출처: 후생노동성(2018)

케어매니저는 보건의료 혹은 복지 분야 5년 이상 실무경험이 있고 케어매니저 실무연수를 수료해야 한다. 자격 갱신 기한은 5년이며, 이

---

46. 이진아, 한정원 「일본 지역포괄지원센터를 중심으로 한 커뮤니티 케어 고찰」 『세계 지역학회 논총』 제37집 3호, 2019
47. 이진아, 한정원, 「일본 지역포괄지원센터를 중심으로 한 커뮤니티 케어(community care) 고찰」, 『세계지역학회논총』 제37집 3호, 2019

기한 동안 요개호자 등이 자립적인 일상생활을 영위하는 데 필요한 지원에 관한 전문적 지식 및 기술 수준을 향상시켜야 한다. 자격 갱신을 위해 치매 사례 중심 전문과정 Ⅰ·Ⅱ를 적어도 5시간 교육받아야 한다.[48]

[표 7] 일본 케어매니저 역할 및 자격 요건[49]

역할	-케어플랜(서비스 계획서) 수립 -지역포괄지원센터의 다직종 서비스 담당자 회의 참여 -개호보험자(각 지자체)에게 사회 자원 확대 등 제안
자격 요건	-보건의료, 복지 실무 경험(의사, 간호사, 사회복지사, 개호복지사 등) 5년 이상 -케어매니저 실무 연수 수료
자격 갱신	-자격 갱신 기한은 5년 -보수 교육(치매 사례 중심 전문과정 I·II) 5시간

센터의 명칭은 일률적이지 않다. 업무 내용을 잘 전달하지 못한다는 지적에 따라 고령서포트센터, 안심건강센터처럼 지자체별로 다른 명칭을 붙이기도 한다.

센터 한 곳이 담당하는 65세 이상 노인 수는 5천 명 이상 1만 명 미만인 센터가 전체의 44.1%로 가장 많고, 3천 명 이상 5천 명 미만인 센터는 21.2%, 1만 명 이상 3만 명 미만인 센터는 16.5%를 차지했다.

[표 8] 지역포괄지원센터 1개소가 담당하는 65세 이상 노인 수[50]   (단위: 개소)

	3,000명 미만	3,000-5,000명 미만	5,000-1만 명 미만	1만 명-3만 명 미만	3만 명 이상	무응답
2013년	691	956	1,941	733	87	76
2014년	666	964	2,010	754	100	63

48. 탁가영 외 『국제 치매 정책 동향 2020』 보고서 NIDR-2001-0030, 중앙치매센터, 2020.12.31
49. 탁가영 외 『국제 치매 정책 동향 2020』 보고서 NIDR-2001-0030, 중앙치매센터, 2020.12.31
50. 임정미 『일본의 지역포괄케어 시스템 : 지역포괄지원센터를 중심으로』 『국제사회보장리뷰』 2018 여름호 Vol.5 pp.67-77

지역포괄지원센터 사례

도쿄 도 세타가야 구는 2014년부터 지역포괄케어 활성화 사업으로 지역포괄지원센터(구의 명칭은 안심건강센터), 사회복지협의회, 마을만들기센터가 함께 참여하는 복지상담 창구를 설치하였다. 이 창구에서는 노인뿐 아니라 장애인, 아동, 생활 곤란자 등을 대상으로 포괄적인 상담을 실시한다. 세타가야 구는 지역포괄지원센터의 업무가 노인 등 개호보험 대상자에 한정된 문제를 극복하기 위해 각 지역포괄지원센터에 정신보건 복지사를 배치하여 복합적인 요구에 대응하도록 하였다. 삼자 협력체계는 종래 각 기관이 개별적으로 대응하던 상담 지원을 공동 대응 체계로 확대하였다. 공동 대응을 위해 각 기관에 매뉴얼을 보급하고 지역포괄지원센터에는 보건복지 정보시스템, 이용자 기본 대장 시스템을 도입하여 노인뿐 아니라 지역주민이라면 누구나 방문하여 상담받을 수 있는 체계를 만들었다. 예를 들어 한 민간 급식 사업자로부터 "4일간 배달한 급식 도시락이 그대로고 집에 인기척이 없어 걱정된다"라는 상담이 창구에 접수된 적이 있다. 이에 지역포괄지원센터 직원이 자택을 방문하였지만 확인이 안 되었다. 개호보험을 비롯한 돌봄 서비스, 장애복지 서비스 수급 상황을 살펴봤으나 노인은 어느 서비스도 이용하고 있지 않음을 확인했다. 직원은 시급히 마을만들기센터에 안부 확인 도움을 요청하였고 마을만들기센터와 연계된 부동산업자로부터 노인이 입원 중임을 확인할 수 있었다. 이처럼 공동 대응을 통해 각 기관의 자원과 노하우를 공유하면서 자칫 상태가 악화될 수 있는 사례를 더 일찍 발견하여 적절히 대처할 수 있도록 한다.[51]

51. 임정미 「일본의 지역포괄케어 시스템 : 지역포괄지원센터를 중심으로」 『국제사회보장리뷰』 2018 여름호 Vol.5 pp.67-77

교토 시는 치매 노인 조기 발견 및 안심마을 만들기 프로젝트 일환으로 매년 치매 노인 서포터 양성 교육을 실시하여 지역주민, 관련 종사자, 경찰 등이 치매를 이해하고 조기에 발견, 대응할 수 있도록 보호 체계를 만들었다. 각 지역포괄지원센터(시의 명칭은 고령서포트센터)에 치매 노인 SOS 연락망을 설치하여 등록된 치매 노인이 길을 잃거나 배회하는 경우 경찰이나 지하철, 버스회사에 연락하여 수색 관련 도움을 요청한다. 지역주민, 편의점, 버스회사 직원 등은 치매 노인이 배회할 때 근처의 지역포괄지원센터에 보호를 요청한다. 방임 등 학대가 의심되는 치매 노인을 조기에 발견, 대처하기 위해 지역케어회의를 개최하고 지원 곤란 사례에 대해 지역주민(민생위원, 아동위원, 노인복지원 등)이 관심을 갖고 지켜볼 수 있도록 조직한다. 치매 노인의 안부를 항상 확인하고 이상한 변화가 보이면 즉각 지역포괄지원센터에 연락하여 도움을 요청할 수 있도록 돌봄과 보호 체계의 상시 연동을 독려하는 것이다. 이 외에도 지역의 개호보험 서비스 제공기관, 복지 서비스 제공기관, 병원, 의료원, 파출소, 학교 등 지역 자원의 위치를 보여 주는 지도를 작성하여 주민에게 보급하고 지역주민 스스로가 돌봄과 보호의 주체로서 지역 자원을 활용할 수 있도록 조직하고 있다. 편의점, 진료소, 병원과 같은 공간은 일상적으로 지역주민이 이용하는 곳이기 때문에 개개인의 상태 혹은 변화를 발견하기 쉬울 뿐 아니라 복지나 보건 등 전문기관으로부터의 지원을 거부하는 이용자도 접근하기 쉽다.[52]

52. 임정미 「일본의 지역포괄케어 시스템 : 지역포괄지원센터를 중심으로」『국제사회보장리뷰』 2018 여름호 Vol.5 pp.67-77

지역케어회의

지역포괄케어 시스템의 원활한 운영을 위해 각 지역마다 지역케어회의를 구성하여 실행하도록 하고 있다. 지역포괄지원센터의 주요 업무 중 하나다. 시정촌이 설치하고 시정촌 또는 지역포괄지원센터가 운영하는 지역케어회의는 행정 직원 및 지역 관계자가 치매 환자 포함 고령자의 지역사회 일상생활에 필요한 지원체계를 검토한다.

지역케어회의의 기능은 ① 개별 과제 해결 ② 지역포괄지원 네트워크 구축 ③ 지역 과제 발견 ④ 지역 자원 개발 ⑤ 정책 개발 등이다. 개별 과제 해결이란, 케어매니저와 지역포괄지원센터 직원이 사례발표를 하면 참석자들이 내용과 미리 제출된 이용자 정보, 생활기능 평가서, 위험요인 확인표 등을 참고해 사례 평가를 진행하는 것을 의미한다. 나머지 기능의 상세내용은 [표 9]와 같다.[53]

[표 9] 일본 지역케어회의 기능

기능	내용
개별 과제 해결	다직종이 협동해서 개별 사례의 지원 내용을 검토함으로써 고령자의 과제 해결을 지원하는 동시에 케어매니저의 자립 지원 실행력을 향상시키는 기능
지역포괄지원 네트워크 구축	고령자의 실태 파악이나 과제 해결을 도모하기 위해 지역 관련 기관 등의 상호 연계성을 높여 지역포괄지원 네트워크를 구축하는 기능
지역 과제 발견	개별 사례 분석 결과들을 축적하여 지역에 공통된 과제를 파악하는 기능
지역 만들기 자원 개발	비공식 서비스나 지역의 돌봄 네트워크 등 지역에 필요한 자원을 개발하는 기능
정책 개발	지역에 필요한 대응을 명확히 하고 정책을 입안하거나 제언하는 기능

출처: 장수사회개발센터, 지역케어회의 운영 매뉴얼

53. 탁가영 외 『국제 치매 정책 동향 2020』 보고서 NIDR-2001-0030, 중앙치매센터, 2020.12.31

[표 10] 일본 지역케어회의 목적과 기능에 따른 참가자 구성 및 개최 주기

회의목적	지역케어회의의 5가지 기능					참여자 구성	개최 주기
	개별 과제 해결	지역포괄 지원 네트워크 구성	지역 과제 발견	지역 만들기 자원개발	정책 형성		
자립 지원을 위한 개별 사례검토, 자립 지원 방법 공유, 행정 과제 공유	○		○	○		시(보험자),지역포괄지원센터, 케어매니저, 개호 서비스 사업소, 전문직	정기 개최 1개월에 수회
지역의 실정이나 요구의 발굴		○	○	○	○	시(보험자), 지역포괄지원센터, 자치회, 민생위원 등	정기 개최 1년에 수회
지역케어회의에서 검토한 사례 평가	○			○		시(입회인), 지역포괄지원센터, 케어매니저, 개호 서비스 사업소	정기 개최 1개월에 수회
지원 곤란 사례의 문제 해결	○	○	○			지역포괄지원센터, 케어매니저, 필요에 따라 시, 기타 관계자가 참석	부정기 개최

출처: 장수사회개발센터, 지역케어회의 운영 매뉴얼, 후생노동성 노인보건복지국, 지역포괄케어 실현을 위한 실천 사례집

지역케어회의는 다직종에 의한 논의 구조로서, 케어매니저뿐 아니라 지역포괄지원센터 직원, 시정촌 복지과 직원, 서비스 제공기관 직원, 영양사, 치과위생사, 약사, 물리치료사, 의사 등 30명 이상의 의료, 보건, 복지, 행정 전문가들이 참여한다. 지역케어회의 목적이나 기능에 따라 다직종 참가자의 구성, 지역케어회의 개최 주기 등 실시 방법도 달라진다([표 10]).[54]

또한 지역케어회의에서 생애주기별로 요구되는 서비스의 종류와 제공 기관(지역사회 자원)을 정리, 통합하는 자원 맵을 개발하여 배포하는 등 필요에 따라 어떤 서비스를 어디에서 제공 받을 수 있는지 가시화하는 작업을 한다.[55]

---

54. 탁가영 외 『국제 치매 정책 동향 2020』 보고서 NIDR-2001-0030, 중앙치매센터 2020.12.31
55. 임정미 「일본의 지역포괄케어 시스템 : 지역포괄지원센터를 중심으로」 『국제사회보장리뷰』 2018 여름호 Vol.5 pp.67-77

사이타마 현 와코 시는 지역케어회의 운영의 모범 사례로 소개된 곳이다. 이 지역의 지역케어회의는 보험자(지자체)에 의해 개최되어, 지역포괄지원센터, 조언자(관리 영양사, 치과위생사, 치료사, 약제사), 케어매니저, 각 서비스 사업소가 참가하여 개별 사례에 대해 토론한다. 개호예방 플랜에 대해서는 전체 대상을 검토하며 자립 지원에 대해 최적의 플랜을 작성할 수 있도록 한다. 또한 의료 요구가 높은 사례처럼 케어매니저 혼자서 해결이 곤란한 사례라도 팀케어에 의해 대응을 모색할 수 있도록 체계를 마련했다. 전체 고령자의 요구 조사 데이터를 수집하여 독자적인 시스템으로 시청과 5개소 지역포괄지원센터가 공유한다. 수집한 데이터를 분석한 후 지역주민 개인별 피드백을 통해 개호예방 의식 향상을 도모한다. 지구별 데이터 분석에 의해 지역 요구에 맞는 사업계획 작성과 기반 정비로도 연결한다. 이러한 개호예방 사업의 대처로 와코 시에서는 고령자 생활기능 개선 등의 효과가 나타난다고 한다.[56]

지역포괄케어 시스템 운영 과제

첫째, 지역포괄지원센터의 지원 대상이 노인에게 한정되는 등 상담과 지원이 여전히 대상별, 제도별로 이루어진다는 게 문제다. 지역포괄케어 실현에 중심적인 역할을 담당하는 지역포괄지원센터는 일차 상담 기관으로 지역주민 전체를 대상으로 서비스를 지원해야 하는데 센터의 법적 근거가 「개호보험법」에 있다 보니 실제 상담이 개호보

---

56. 석재은 외 『장기요양 재가 서비스 개편 방안 연구』 한국노인복지학회 2016년 11월

험 서비스 이용자나 그 가족을 중심으로 이루어지는 게 한계다. 이는 지역주민이라면 누구나 거주지에 인접한 지역포괄지원센터에서 상담받고 연속적으로 서비스를 이용할 수 있도록 한 센터의 설립 목적과는 맞지 않는다. 또 제도별로 분절된 서비스를 연계하기 위한 네트워크 기능 역시 충분히 발휘되지 않는다.[57]

둘째, 지역포괄케어를 담당하는 전문인력이 부족하다. 치매 노인이나 의료 돌봄이 필요한 중증 장애아 등 지원이 필요한 다양한 사람의 욕구와 특성에 적합한 서비스를 연계할 수 있는 전문인력의 확보가 지역포괄케어 시스템 운영의 관건이다. 이처럼 지역포괄케어 추진에서는 지역의 과제를 발견하고 관련 기관을 연대하며 주민의 협력을 얻을 수 있도록 이들을 조직화할 수 있는 역량 있는 인재를 확보하는 일이 중요하지만, 지역포괄지원센터의 인력난은 점점 심해지는 추세다.[58]

셋째, 지역포괄케어 추진에서 행정의 역할이 불분명하다. 처음 지역포괄케어 시스템 구축 시 시정촌의 역할과 공적 기능이 명확하지 않으면 자칫 그 책임이 지역사회로 전가될 수 있고 이것이 지역사회에 과중한 부담으로 작용할 수 있다는 우려가 있었다. 지역포괄지원센터가 지역포괄케어 추진의 중심 역할을 수행하려면 시정촌의 행정적 지원 즉 관련 기관 협력을 위한 근거 마련, 복지정보 시스템 구축, 인력 증원 등이 중요하다.[59]

---

57. 임정미 「일본의 지역포괄케어 시스템 : 지역포괄지원센터를 중심으로」 『국제 사회보장 리뷰』 2018 여름호 Vol.5 pp.67-77
58. 임정미 「일본의 지역포괄케어 시스템 : 지역포괄지원센터를 중심으로」 『국제 사회보장 리뷰』 2018 여름호 Vol.5 pp.67-77
59. 임정미 「일본의 지역포괄케어 시스템 : 지역포괄지원센터를 중심으로」 『국제 사회보장 리뷰』 2018 여름호 Vol.5 pp.67-77

지역의료 개호종합확보기금

지역포괄케어 시스템의 구축과 운영을 위해서는 재원이 필요하다. 기존의 개호보험 재정과 국가보조금, 지자체 사업비 등을 활용하였으나 이것만으로 절대적으로 부족했다. 그래서 새로운 방식의 재원 조달 방안을 강구한다.

이를 위해 2014년도부터 소비세 증세분을 활용한 재정 지원 제도 즉 '지역의료 개호종합확보기금'를 창설하고 각 도도부현에 설치한다. 각 도도부현은 자체 계획안을 작성하고 이에 근거해 사업을 실시하였다. 국가가 재원 마련에 필요한 자금을 3분의 2 이상 부담하는데 사업 내용에 따라 전액 국가 부담으로 운영할 수도 있게 된다. 2022년도 예산액은 1,853억 엔(의료분 1,029억 엔, 개호분 824억 엔)에 달한다.

급성기 병상에서 회복기 병상으로 전환 등 지역의료 구상 달성을 위해 병상 기능 분화 및 제휴와 관련한 사업들이 지원 대상이 되었다. 지역의료 구상 조정회의 등의 의견을 토대로 자체적으로 시행하는 병상 감소 등 병상 기능의 재편이나 의료기관의 통합 등과 관련한 조치가 해당하며, 이를 이행하는 의료기관에 대해서도 지원이 이루어졌다. 거점 정비나 제휴 네트워크 확보 지원 등 재택의료를 제공하는 체계 조성 사업도 해당한다. 지역 밀착형 서비스 등 지역 실정에 따른 개호 서비스 제공 체제 정비를 위한 지원 사업도 대상에 포함되었다.

의료인력의 편재 해소, 의료기관의 근무환경 개선, 팀 체제 의료 추진 등과 관련하여 의사, 간호사 등 지역에 필요한 양질의 의료인력 확보 및 양성과 관련한 사업도 지원 대상이다. 개호인력의 자질 향상과 처우 개선, 의사의 노동시간 단축을 위한 계획을 마련하고, 의료기관

의 근무환경을 개선하는 등 체제를 정비하는 사업도 대상이 되었다.[60]

우리나라도 고령화에 따른 의료 수요 증가, 인프라 구축을 위해 '지역의료 발전기금' 신설을 추진 중이다. 정부는 기금 설치 구상을 밝히면서 일본의 지역의료 개호종합확보기금 사례를 참고했다고 밝혔다.

지역공생사회와 지역포괄케어 시스템

최근에 지역공생사회라는 개념이 등장하는데 아직 명확하게 정리되지 않았으며 실천적으로도 애매한 점들이 있다.

'지역공생사회'는 2016년 6월 아베 내각의 내각회의 결정 '일본 1억 총활약 플랜'에서 처음 사용된 새로운 용어다. 아동, 노인, 장애인 등 모든 사람이 지역에서 삶의 보람을 함께 만드는 지역공생사회를 실현한다는 것이다. 이를 위해 단순히 지원하는 사람과 지원받는 사람으로 나누는 것이 아니라, 모든 주민이 각자의 역할을 갖고 서로 도와가면서 자신이 활약할 수 있는 지역사회를 육성하고 복지 등 공공 서비스를 협력하여 살아가는 사회구조를 만든다'로 요약할 수 있다.[61]

내각회의 결정에 따라 후생노동성은 2016년 7월 '지역공생사회실현본부'를 발족했지만 이후 제대로 활동을 이어가지는 못한다. 지역공생사회 시책은 사회원호국 소관인데, 처음에는 좁은 의미의 사회복지 시책 특히 생활보호 제도와 생활빈곤자 자립지원 제도 등에 한정되어 의료는 포함하지 않았다. 반면 지역포괄케어 시스템은 노건국老健局이

---

60. 임선미 외, 『초고령사회 대비 일차의료 중심의 의료돌봄 통합체계 연구』 의료정책연구소 연구보고서 2022-18
61. 김춘남, 이미영 「일본의 '공생형共生型 서비스' 현황과 시사점」『복지 이슈 FOCUS』 제30호 2022-30, 2022.12

관장한다. 구체적 시책에서 예산 규모나 실적을 보면 노건국이 추진하는 지역포괄케어 시스템이 압도적이다. 지역공생사회는 이념적으로 이상적 모습을 그리지만 현실적 실행에서 한계를 보인다. 여기에 의료는 포함되지 않았고, 주거 문제도 처음에는 포함되지 않았다가 2022년에야 포함되었다.[62]

전문직 단체에서도 지역공생사회와 지역포괄케어에 대한 설정 및 대응에는 큰 차이가 있다. 구체적으로는 대부분의 의료계열 단체는 지역포괄케어에 주력하는 반면, 복지계열 단체는 지역공생사회를 중시한다. 예를 들어 일본 사회복지사회는 2018년도 임시총회의 '기본 지침'에서 '지역공생사회 실현에 기여하는 체계 구축의 추진'을 내걸었지만, 지역포괄케어 시스템의 추진이나 구축에 대해서는 전혀 언급하지 않았다.[63]

지역공생사회 정책에서 특히 중요한 것은, 2020년 개정 사회복지법에서 복지 분야의 지역공생사회 만들기가 구체화되었다는 점이다. 구체적으로는 복지 분야의 지역공생사회 만들기를 촉진하기 위해 시정촌이 임의로 실시하는 '중층적 지원체계 정비사업의 신설 및 그 재정 지원'이 포함되었다. 2022년 6월에 내각회의에서 결정된 '기본 방침 2022'에도, '의료, 개호 및 주거의 통합적인 검토과 개혁 등 지역공생사회 만들기에 노력한다'는 것이 처음으로 명기되었다.[64]

지역공생사회와 지역포괄케어 시스템은 법적으로나 행정적으로는 양자 관계가 모호하다. 일반적으로 지역공생사회가 상위 개념이라고

---

62. 니키 류 「지역공생사회의 이념과 현실 및 사회의학에 대한 기대①」 『실버아이뉴스』 202.7.15
63. 니키 류 「지역공생사회의 이념과 현실 및 사회의학에 대한 기대①」 『실버아이뉴스』 202.7.15
64. 니키 류 「지역공생사회의 이념과 현실 및 지역포괄케어와의 관계 ①」 『실버아이뉴스』 2022.11.26

말하지만, 이는 지역공생사회의 이념 부분에 한정된 것으로 실제는 전체를 포괄하지 못한다. 복지 관계자 중 일부는 '지역포괄케어에서 지역공생사회로'라는 슬로건을 내걸기도 한다.

지역공생사회 개념의 실행이나 발전 가능성은 아직까지 불투명해 보인다. 포괄적인 개념으로 설정하기도 하나 독자적이고 구체적 실행 계획을 명확히 제시하지는 못하는 듯하다. 지역포괄케어 시스템과 중복되는 느낌도 있다. 실제 니키 류 등은 각 지역에서 의료를 포함한 지역공생사회 만들기는 모든 연령, 모든 대상형 지역포괄케어를 추진하는 것이 현실적이며, 이는 법 개정을 거치지 않고도 각 지자체나 각 지역의 재량으로 실시할 수 있다고 언급한다.[65]

---

65. 니키 류 「지역공생사회의 이념과 현실 및 사회의학에 대한 기대 ①」『실버아이뉴스』 202.7.15

3장

지역의료 구상

    일본에서는 저출생 고령화의 급격한 진행으로 의료비가 급상승하면서 현재의 의료제도가 지속 가능하지 않다는 문제 제기가 계속되었다.

    입원 병상 수와 재원일 수가 다른 선진국에 비해 상대적으로 길어 비효율적으로 운영되는 현실이다. 병원은 병상이 비면 이를 채우기 위해 입원 기간을 늘리게 된다. 이에 후생노동성은 병상 수 축소를 추진해 왔다. 입원 병상 수는 1992년 정점으로 169만 병상에 이르렀다가 2017년 기준으로 약 127만까지 감소하였고 2025년에는 115만-119만까지 더 줄일 계획이다. 급성기 병상을 줄이는 대신에 회복기 병상을 늘려 보완한다는 방침에 따라, 2017년 기준 약 12만 개의 회복기 병상을 2025년에는 약 38만 개로 늘릴 방침이다. 이런 병상 수 조절은 지역별 특성에 맞게 이루어져야 마땅한 바 지자체들이 각 지역에서 지향해야 할 모습을 그리게 되는 '지역의료 구상'에 따라 진행한다.[1]

    지역의료 구상은 변화하는 의료 환경과 고령화에 대응하면서 병상 조정을 시행해 나가는 정책 과제다. 대체적인 방향은 급성기 병상을 줄여나가는 데 초점을 맞췄다. 그러나 병상만 줄여서는 의료 요구를 감당할 수 없어 회복기 병상, 요양 병상의 확충, 재택의료의 활성화 등 지역

---

1. 시바하라 케이이치 『초고령사회 일본, 재택의료를 실험하다』 장학 옮김, 청년의사, 2021

포괄케어의 동시 진행이 필수 조건이 된다. 그래서 지역의료 구상과 지역포괄케어는 한 묶음으로 진행되는데 둘 다 2025년을 목표로 한다.

지역의료 구상은 '병원 완결형 의료에서 지역 완결형 의료로의 전환'과 '경쟁에서 협조로의 전환'이라는 두 가지 전환을 목표로 한다.

지역의료 구상의 전개

지역의료 구상은 장래 예상 인구를 기초로 2025년에 필요한 병상 수를 의료기능별 네 분야(고도급성기, 급성기, 회복기, 만성기)로 추계한 후 지역의 의료 관계자와 협의를 거쳐 병상의 기능 분화와 연계를 추진하여 효율적인 의료전달체계를 만들자는 구상이다.

일본은 병원 병상이 1965년경까지는 다른 선진국과 비슷했으나 지금은 많다.[2] 1970년대 석유 파동을 거치면서 다른 선진국들이 급성기 병상의 확대를 억제하고 환자를 돌보는 장소를 병원에서 지역으로 옮기기 시작한다. 그리고 급성기 병상에 대해서는 한 병상당 직원 수를 늘려 집중치료함으로써 평균 재원일 수를 단축하는 것으로 효율화를 도모하였다. 지역 안에서는 너싱홈Nursing Home 등의 개호시설을 늘리고 환자를 병원에서 지역으로 옮기는 일에 힘쓴다. 반면 일본은 1973년 노인 의료비를 무료로 하면서 너싱홈 역할을 하는 시설을 병원으로 만들어 많은 사회적 입원 환자를 병원에 남기게 된다. 지역의료 구상은 이런 해묵은 문제를 해결하는 일환이기도 하다.[3]

2. 인구 3.8억 명의 미국은 병원 수가 6천 개 정도인데 반해 인구 1.2억 명의 일본은 병원 수가 8천 개에 이름
3. 무토 마사키 『커뮤니티 케어 : 일본의 의료와 개호』 남은우, 정승용, 김소형, 신정우 옮김, 계축문화사, 2018

지역의료 구상의 법적 정의는 2014년의 「의료개호종합확보추진법」과 개정 「의료법」에 의해 '도도부현은 기본 방침에 입각하여, 지역의 실정에 따라 해당 도도부현에서의 의료제공체계 확보를 도모하기 위한 계획(이하 '의료계획'이라고 함)을 정하도록' 하였는데 지역의료 구상은 이 '의료계획'의 일부다.[4] 전국의 47개 도도부현이 객관적 데이터에 근거하여 도도부현의 행정, 의사회, 병원 단체 등과 합의를 거쳐 작성하고 이를 실현하는 것을 목표로 하게 되어 있다.[5] 이에 따라 지역의료 구상이 전국의 도도부현에서 시작되었다. 그로부터 2년 반이 지난 2017년 3월, 전국의 도도부현에서 지역의료 구상 작성이 거의 완료되었다.[6]

'의료계획'이란 각 도도부현이 6년마다 책정하는 계획으로, 5대 질병(암, 뇌졸중, 급성심근경색, 당뇨병, 정신질환), 5대 사업(응급의료, 재해의료, 벽지의료, 주산기의료, 소아의료)과 재택의료를 계획하도록 의무화되었다. 코로나 팬데믹을 거치면서 '신종감염병 위기 시의 의료'가 6번째 사업으로 추가되었다.[7] 도도부현은 기본 방침에 입각하여 지역의 실정에 따라 의료계획을 정한다.

지역의료 구상의 공식 목표는 제2차 의료권별(지역의료 구상 구역)로 의료기능별(고도급성기, 급성기, 회복기, 만성기) 2025년의 필요 병상 수와 개호시설 및 재택의료 등을 결정해 확보하는 것이다. 제2차 의료권은 전국에 약 300개 있는데 의료권별 평균 인구는 약 40만 명이다. 즉 지역의료 구상의 지역은 지역포괄케어의 지역보다 훨씬 넓다.[8]

4. 니키 류 「논문: 지역포괄케어와 지역의료 구상에 대한 사실과 논점 - 한국보건의료연구원에서의 보고에서 ②」『실버아이뉴스』, 2018.9.29
5. 니키 류『일본의 커뮤니티 케어』정형선 편역, 북마크, 2018
6. 무토 마사키『커뮤니티 케어 : 일본의 의료와 개호』남은우, 정승용, 김소형, 신정우 옮김, 계축문화사, 2018
7. 정재철「일본의 '2025년 문제'와 감염병 대책」『공공의료정보』22호, 2022
8. 니키 류, 「논문: 지역포괄케어와 지역의료 구상에 대한 사실과 논점 - 한국보건의료연구원에서의 보고

병상의 기능 분화와 연계

지역의료 구상은 각 지역 실정에 맞게 병상의 기능 분화, 연계를 추진함으로써 효율적인 의료 제공 체계 만들기가 목표다. 입원 환자는 증가하지만 그렇다고 급격한 병상 증설은 비현실적이어서 지역별 병상 기능의 효율화, 최적화로 대응해 나갔다.[9]

인구 감소와 고령화에 수반하는 의료 요구의 질, 양의 변화와 노동력 감소를 예상하고, 질 높은 의료를 효율적으로 제공하는 체계를 만들기 위해서 의료기관의 기능 분화와 연계를 추진해 나갈 필요가 생겼다. 각 지역에서 2025년의 의료 수요와 병상 필요량에 대해 의료기능별로 추계하고 지역의료 구상으로 책정하였다.

[표 11] 의료기능별 내용[10]

의료기능의 명칭	의료기능의 내용
고도급성기 기능	• 급성기 환자에 대해 상태의 조기 안정화를 위해 진료 밀도가 특히 높은 의료를 제공하는 기능 *고도급성기 기능에 해당한다고 생각할 수 있는 병동의 예 응급 병동, 집중치료실, 신생아 집중치료실, 신생아 치료회복실, 소아 집중치료실, 종합주산기 집중치료실 등 급성기 환자에 대해 진료 밀도가 특히 높은 의료를 제공하는 병동
급성기 기능	• 급성기 환자에 대해 상태의 조기 안정화를 위해 의료를 제공하는 기능
회복기 기능	• 급성기를 경과한 환자에 대한 재택 복귀를 위한 의료나 재활을 제공하는 기능 • 특히 급성기를 경과한 뇌혈관질환이나 대퇴골 경부골절 등의 환자에 대해 ALD의 향상이나 재택 복귀를 목적으로 한 재활을 집중적으로 제공하는 기능(회복기 재활 기능)
만성기 기능	• 장기 요양이 필요한 환자를 입원시키는 기능 • 장기 요양이 필요한 중증 장애인(중증의 정신장애인을 포함), 근 디스트로피 환자 또는 난치병 환자들을 입원시키는 기능

에서 ②」, 『실버아이뉴스』, 2018.9.29
9. 최경환, 『일본 농촌 지역의 재택의료 실태와 시사점』 288 연구자료-1, 한국농촌경제연구원, 2022.12
10. 최경환 『일본 농촌 지역의 재택의료 실태와 시사점』 288 연구자료-1, 한국농촌경제연구원, 2022.12

병상 수 감소 추진

지역의료 구상은 병상 수 감소를 추진하면서 이를 보완하기 위해 개호시설을 확충하고 재택의료를 전면적으로 추진하는 전략을 채택한다. 의료기관은 자율적으로 병상의 기능을 선택하고 병상 상황을 도도부현에 보고하는데 이를 바탕으로 지역의료 구상 계획을 마련하여 진행해 나간다. 축소되거나 통폐합되는 병원에 대해서는 의료수가 및 의료개호종합확보기금을 통한 기능 분화와 연계 지원을 제공한다.[11]

지역의료 구상의 시행과 관련하여 지자체와 의료계 사이에 팽팽한 줄다리기가 나타나기도 한다. 도도부현 지시에 의한 강제적 병상 삭감은 쉽지 않다. 지자체가 병상을 강제적으로 줄일 권한도 없다. 도도부현은 역사적으로 도도부현 설립 병원 이외 의료시설의 운영 능력이 충분하지 않으며, 수많은 도도부현에서 의료 서비스 공급체계 개혁에 관해 일본의사회의 정치적 영향력이 강한 편이다. 다만 극히 일부 현에서는 현 주도에 의해 상당히 무리한 병상 삭감 계획을 세우기도 했다.[12]

지역의료 구상의 진행에 따라 후생노동성은 2025년의 전국 병상 수가 115만-119만 병상이 될 것으로 전망하는데 이는 2013년의 병상 수인 135만 병상보다 16만-20만 병상이 적은 수치다. 실제 도도부현이 작성하여 2017년 3월 종합한 전국 집계치를 보면 2025년 약 119.8병상으로 나온다.[13] 이는 지역의료 구상에 따라 병상 수를 적극적으로 축

---

11. 정재철 「일본의 '2025년 문제'와 감염병 대책」 『공공의료정보』 22호, 2022
12. 니키 류 「논문 : 지역포괄케어와 지역의료 구상에 대한 사실과 논점 - 한국보건의료연구원에서의 보고에서 ②」 『실버아이뉴스』 2018.9.29
13. 무토 마사키 『커뮤니티 케어 : 일본의 의료와 개호』 남은우, 정승용, 김소형, 신정우 옮김, 계축문화사,

소해 나갈 때 예상하는 수치 전망이다. 그러나 실제 순조롭게 진행된다 단언하기 어렵다. 진행될지는 미지수다.

지역의료 구상에 따른 병상 수 감소는 향후 개호시설이나 재택의료 등으로 보완하는 걸 전제로 한다. 지역의료 구상에 따르면 2025년까지 15만 병상을 줄이고 재택의료로 30만 명(29.7만-33.7만 명)을 감당한다.

실제 병상의 감소는 요양병상의 개호의료원으로 전환, 휴면 병상 반납 등의 방식으로 진행된다. 줄어드는 병상 중 약 9만 병상을 휴면 병상으로 반납하고, 실제 가동되는 병상은 대략 6만 병상에 불과한데 이 병상들은 치료 병상이 아닌 개호시설로 분류되는 개호의료원으로 전환하게 된다.[14]

2018년 「개호보험법」 개정에 의해 2019년도부터 개호요양병상과 의료요양병상의 대부분이 개호의료원으로 이행하게 된다. 현재 법적으로는 둘 다 모두 병원으로 분류되어 합치면 약 13만 병상에 이른다. 개호의료원으로 전환되면 통계상으로는 최대 10만 병상이 줄어드는 것으로 정리된다. 실제 개호의료원에서 제공되는 서비스 내용은 현재의 개호요양병상과 거의 비슷할 것으로 보인다.

2014년의 「의료개호종합확보추진법」에 따라, 공립병원을 중심으로 휴면 병상을 의무적으로 반납하게 하였다. 휴면 병상은 병상 허가는 받았지만 장기간 가동하지 않는 병상으로 현재 약 9만 병상 정도 추산한다. 1990년대 이후 입원율과 재원일 수가 감소하는데, 앞으로 감

2018
14. 무토 마사키 『커뮤니티 케어 : 일본의 의료와 개호』 남은우, 정승용, 김소형, 신정우 옮김, 계축문화사, 2018

속도가 다소 저하되더라도 추세는 계속될 것으로 예상된다.[15]

지역의료 구상을 추진해도 실제 병상 수 대폭 감소는 어렵고, 2025년의 병상 수는 비슷하게 유지될 것으로 예상한다. 기능 조정 없이 고령화를 맞으면 2025년의 필요 병상 수는 152만 병상으로 현재의 135만 병상보다 17만 병상이 많아질 것으로 예상한다. 실제 2025년의 병상 수가 현재 상태 그대로라는 것은 실질적으로 17만 병상의 삭감을 의미한다.[16]

2025년까지 전국적으로 고령 인구는 증가하지만, 이미 인구 감소가 시작된 일부 지역에서는 2025년까지 고령 인구도 감소하고, 이에 따라 고령자의 입원 요구도 감소하기 때문에, 필요 병상 수도 감소할 것이다.

요양병상과 개호의료원

1973년 「노인복지법」 개정으로 노인 의료비 무료화 결과 소위 노인병원이라 불리는 병원이 전국적으로 급격하게 증가한다. 이 병원들은 의사 및 간호 인력 배치 수가 적었는데 사실상 노인시설을 대신하게 된다. 그 결과 사회적 입원이 대규모로 발생한다. 1983년 「의료법」상 특례로 배치 인력이 적은 노인병원을 '특례 허가 노인병원'이라는 이름으로 인정한다.

2000년에 개호보험 제도가 시행되면서 병원의 병상 기능 중 장기요

---

15. 니키 류 「논문 : 지역포괄케어와 지역의료 구상에 대한 사실과 논점 - 한국보건의료연구원에서의 보고에서 ②」 『실버아이뉴스』 2018.9.29
16. 니키 류 「논문 : 지역포괄케어와 지역의료 구상에 대한 사실과 논점 - 한국보건의료연구원에서의 보고에서 ②」 『실버아이뉴스』 2018.9.29

양 기능을 분리해 개호보험 급여로 편입시키기 시작했다. 병원의 병상 중 일부를 「개호보험법」상 '개호요양형 의료시설(개호요양병상)'로 전환하는 법 개정이 이루어졌다.[17] 이와 함께 2001년 「의료법」 개정에서는 요양형 병상군과 노인병원(특례 허가 노인병원)을 재편하여 '의료요양병상'[18]으로 통합하였다.[19] 의료요양병상 27.7만 병상, 개호요양병상 6.3만 병상 합쳐서 34만 병상이라는 요양병상이 생겨났다.

개호요양병상은 개호보험이 적용되는 요양병상으로, 의료시설과 개호시설의 중간적 성격을 띠고 있다. 의료법인 등이 운영하는 개호요양형 의료시설에 마련되어 있으며 입주자 6명당 요양보호사 1명 배치가 의무다. 급성기 병원을 퇴원한 후 재활을 위해 1년까지 개호요양병상 이용이 가능하다. 이용료가 저렴하고 분납이 가능하다는 점에서 유료 노인홈에 비해 재정적으로 유리하다.[20] 이후 개호요양병상은 기능 중복과 애매한 역할 때문에 결국 개호요양형 노인보건시설(전환형 노인보건시설)로 전환하고 2011년까지 개호요양병상을 폐지하기로 한다.[21] 그러나 이런 전환이 원활하지 않아 2017년 말로 연장된다.[22]

당초 일본 정부는 장기입원이 필요한 노인 중에 의료 요구가 상대적으로 높으면 의료요양병상을, 낮으면 개호요양병상을 이용하도록 설

---

17. 이선영 「일본의 의료 및 돌봄 병상 기능 조정을 위한 정책 동향과 시사점: 개호의료원을 중심으로」 『한국웰니스학회지』 2022;17(1):61-67
18. 의료구분 2-3(급성기 혹은 회복기) 환자로 의사가 현저한 의학적 치료가 필요하다고 판단한 경우에 입원 가능
19. 임선미 외 『초고령사회 대비 일차의료 중심의 의료돌봄 통합체계 연구』 의료정책연구소 연구보고서 2022-18
20. 시바하라 케이이치 『초고령사회 일본, 재택의료를 실험하다』 장학 옮김, 청년의사, 2021
21. 2011년까지 당시 25만인 의료 요양 병상을 15만 병상으로 축소하고, 13만인 개호 요양 병상을 완전 폐지한다는 내용
22. 무토 마사키 『커뮤니티 케어 : 일본의 의료와 개호』 남은우, 정승용, 김소형, 신정우 옮김, 계축문화사, 2018

계하였으나, 실제로는 이 두 병상의 이용을 중재하고 적절한 정보를 제공할 수 있는 인력 혹은 제도적 장치 부재로 환자의 상태와 무관하게 부적절한 입원이 이루어져 효율성이 떨어졌다. 이런 병상 간 기능 혼재가 2018년에 개호의료원이 도입되는 결정적인 계기가 되었다.[23]

2006년 의료제도 개혁 때 처음으로 개호요양병상을 폐지하거나 개호노인보건시설로 전환하여 의료보험과 개호보험의 역할을 명확히 하자는 의견이 대두되었으나 의료시설을 복지시설로 전환하는 데에 대한 거부감으로 인해 실행되지 않았다. 2011년 법 개정 당시 재논의 되었으나 재차 수포로 돌아갔고, 2018년 「의료법」과 「개호보험법」 동시 개정을 통해 비로소 개호의료원이라는 시설이 도입되었다.[24]

후생노동성은 요양병상의 개호시설로의 전환에 대해 두 가지 유형을 제시하는데 첫째는 의료 기능을 포함하는 시설계 서비스(이하 의료 포함형)고 둘째는 의료를 외부에서 제공하는 거주 공간과 의료기관 병설형이다. 의료 포함형은 기존의 개호요양병상보다 생활기능을 중시하는 시설로서 기능하게 된다. 여기서 의료 포함형 개호보험시설의 명칭이 문제되는데 예전에 개호요양병상이 개호노인보건시설로 전환이 잘 되지 않는 이유 중 하나가 바로 이 명칭 때문이라고 한다. 의료 포함형 개호보험시설은 병원 내 시설이므로 원장이 시설장을 겸임하게 되는데 의사인 원장이 시설장이라는 명칭를 좋아하지 않는다는 것이다. 그래서 개호의료원이라고 하면 원장이라는 호칭을 그대로 사용할

---

23. 임선미 외 『초고령사회 대비 일차의료 중심의 의료돌봄 통합체계 연구』 의료정책연구소 연구보고서 2022-18
24. 임선미 외 『초고령사회 대비 일차의료 중심의 의료돌봄 통합체계 연구』 의료정책연구소 연구보고서 2022-18

수 있기 때문에 고육지책으로 이 명칭을 사용하게 된 것이다.[25]

개호의료원이란 '장기에 걸쳐 요양이 필요한 개호보험 등급 판정자를 대상으로 요양 관리, 간호, 의학적 관리가 필요한 케어 및 기능훈련, 기타 필요한 의료 및 일상생활상의 요양을 제공하는 것을 목적으로 하는 시설(「개호보험법」 제8조 제29항)'이다. 개호의료원 설치 주체는 지방공공단체, 의료법인, 사회복지법인 등으로 제한된다. 즉 개호의료원은 병원이 아니라 장기요양이 필요한 노인을 위한 개호보험시설인 동시에 기존 개호보험시설보다 의료 서비스 제공 범위가 대폭 확대된 시설이다.

개호요양형 의료시설과 개호노인보건시설과의 혼선을 막기 위해 개호의료원을 Ⅰ형과 Ⅱ형으로 구분한다. Ⅰ형은 중증의 신체 질환을 앓는 경우, 즉 요개호 4-5등급을 입주 기준으로 한다. 의사 1인당 환자 수를 48명으로 배치하며, 24시간 진료와 터미널 케어 등을 제공한다. Ⅱ형은 비교적 상태가 안정된 경우 입원하게 된다. 의사 1인당 환자 수를 100명까지 배치한다. 직원은 24시간 온콜 시스템으로 운영한다. 개호의료원Ⅱ형과 개호노인보건시설의 공통점은 자택 복귀를 목적으로 재활 훈련을 실시한다는 것이다.[26]

전자는 개호요양형 의료시설의 전환 시설로, 후자는 개호노인보건시설의 전환 시설로 상정하여 법을 개정하였다. 처음에는 개호요양형 의료시설과 개호노인보건시설의 전환을 기본 전제로 설치를 허가하였지만, 2021년부터는 신설도 가능해졌다. 생활 시설 성격이 강한 개

---

25. 무토 마사키 『커뮤니티 케어: 일본의 의료와 개호』 남은우, 정승용, 김소형, 신정우 옮김, 계축문화사, 2018
26. 시바하라 케이이치. 『초고령사회 일본, 재택의료를 실험하다』 장학 옮김, 청년의사, 2021

[표 12] 개호의료원의 분류[27]

	개호의료원	
	I형	II형
기본 성격	돌봄을 필요로 하는 고령자의 장기요양 및 생활시설	
시설 근거 (법률)	「개호보험법」 ※ 생활시설의 기능 중시를 명확히 함 ※ 의료 제공을 목적으로 하며, 「의료법」의 의료제공시설로 함	
주 대상자	중증 신체 질환을 지닌 자, 신체 합병증을 지닌 치매 고령자 등 (요양 기능 강화형 A·B형에 상당)	왼쪽 사항과 비교해 병증이 비교적 안정된 자
시설 기준 (최저 기준)	개호요양병상에 상당 (참고: 현행 개호요양병상의 기준) 의사 48:1(3인 이상) 간호사 6:1 요양사 6:1	개호노인보건시설 상당 이상 (참고: 현행 개호노인보건시설의 기준) 의사 100:1(1인 이상) 간호사 3:1 요양사 3:1
면적	개호노인보건시설 상당(8.0㎡/병상) ※다인실은 가구나 파티션 등의 칸막이 설치로 사생활을 배려한 요양 환경 정비를 검토	
저소득자 배려(법률)	보족 급여(저소득자의 시설 입소 시 식비나 광열비, 방 이용비 등의 부담을 보조하는 제도) 대상	

호의료원의 특성상 다인실은 가구, 파티션 및 커튼 등으로 개인 공간 및 프라이버시를 확보하여야 하며, 개인 공간에 대한 면적 규정이 8.0㎡로 의료요양병상이나 개호요양병상(6.4㎡) 보다 넓다.[28]

개호의료원은 통상 의료기관 내 일부 병상을 개호의료원 병상으로 전환하여 운영하는 경우가 많다. 기존 개호요양병상과 비교해 개호의료원 도입 이후 가장 큰 변화는 '생활시설 기능이 강화'된 점이다. 개호의료원은 「의료법」의 진료수가상 시설이 아닌 '재가(자택 복귀)'에 해당한다. 그럼에도 I형은 의사가 24시간 상주한다. 지금까지 의사가

---

27. 시바하라 케이이치, 『초고령사회 일본, 재택의료를 실험하다』 장학 옮김, 청년의사, 2021
28. 임선미 외 『초고령사회 대비 일차의료 중심의 의료 돌봄 통합체계 연구』 의료정책연구소 연구보고서 2022-18

24시간 머무는 시설이 재가 적용을 받았던 적이 없었지만, 개호의료원 도입 과정에서 이와 관련해 의료계와 큰 갈등이 발생하지 않았다. 그 이유는 수가 측면에서 개호의료원으로 이행을 지원하는 등 의료기관이 자발적으로 「개호보험법」 적용 병상으로 전환하기 용이한 제도를 마련하였기 때문이다.[29]

2022년 6월 현재 개호의료원 시설 수는 전체 727개소이며 이중 I형은 492개소, II형은 230개소다. 개호의료원 병상은 전체 43,323병상이고 이중 I형은 31,837병상 II형은 11,486병상이다.

지역의료 연계추진법인

지역의료 구상을 추진하는 수단의 하나로 2017년 4월에 지역의료 연계추진법인 제도가 시작되었다. 실제로 이 제도의 검토는 2014년 1월의 다보스 회의에서 아베 수상이 "일본에도 (미국의) 메이요 클리닉 Mayo Clinic과 같은 지주회사 Holding Company 형태의 대규모 의료법인이 생겨야 한다"고 발언한 것이 계기가 되어 시작되었다. '지주회사형 법인' 출발은 2013년 8월에 발표된 「사회보장제도 개혁국민회의 보고서」가 '지역에서의 의료, 개호 서비스의 네트워크화를 도모하는' 하나의 수단으로써 영리 지주회사를 제기한 데 있다. 처음부터 대규모 회사를 상정하지는 않았던 듯하다. 그러나 이와 별도로 수상관저 직속인 산업경쟁력회의는 2013년 12월에 미국에서의 IHN(Integrated Healthcare Network)과 같은 규모를 가지고, 의료 혁신 및 국제적 전개

---

29. 이선영 「일본의 의료 및 돌봄 병상 기능 조정을 위한 정책 동향과 시사점 : 개호의료원을 중심으로」 『한국웰니스학회지』 17(1):61-67, 2022

를 담당하는 시설이나 연구기관을 포함한 대규모 지주회사의 창설을 제안했다. 아베 수상의 발언은 이 제안에 따른 것이다. 그러나 후생노동성이나 일본의사회는 이러한 대형 의료사업체의 제도화에 강력하게 저항한다. 최종적으로는 지역포괄케어와 지역의료 구상을 진행시키는 것을 목적으로, 사업 범위를 원칙적으로 지역의료 구상 구역으로 한정한 지역의료 연계추진법인이 제도화되었다.[30]

지역의료 연계추진법인은 앞으로 진행될 지역의료 재편에서 비장의 카드라고 일부에서 선전하였지만, 2017년 4월에 발족한 것은 4개 법인뿐이었다. 그 시점에서 도도부현 차원에서 사무처리가 제대로 되지 않았기 때문이라는 말도 있지만 2018년 4월에도 6개 법인 밖에 안 된다.

후생노동성은 이 법인의 보급에 대해서 상당히 신중한 태도를 보인다. 종래는 「의료법」이나 「개호보험법」 등의 개정에서 새로운 시설이 개설되었을 때 적어도 보급을 장려하고, 진료수가, 개호 수가에서도 우대해 왔다. 그러나 지역의료 연계추진법인에 대해서는 후생노동성도 일관되게 '지역의료 연계추진법인은 지역의료 구상 추진 선택사항의 하나'라고 설명한다. 2018년도의 진료수가 개정에서도 지역의료 연계추진법인을 우대하는 점수는 전혀 설정되지 않았다. 니키 류는 지역의료 구상의 시행 과정에서 병상 구분의 명확화, 거주지 분리가 10년 단위로 서서히 진행되므로 여기에 대응해 병원이 재편될 것으로 예측한다. 다만 그 주역은 지역의료 연계추진법인이 아니라, 대규모 병원

---

30. 니키 류「논문: 지역포괄케어와 지역의료 구상에 대한 사실과 논점 - 한국보건의료연구원에서의 보고에서 ②」『실버아이뉴스』 2018.9.29

그룹 혹은 복합체 주도의 병원 M&A가 될 것이라 언급한다.[31]

지역의료 구상은 지역포괄케어의 일환

지역의료 구상은 지역포괄케어와 통합적으로 살펴봐야 한다. ① 지역의료 구상과 지역포괄케어는 사회보장개혁프로그램법 등의 법률에 동격으로 포함된다. ② 지역의료 구상에서의 필요 병상 수 감소는 향후 지역포괄케어를 구축해서 현재의 입원 환자 중 약 30만 명을 '재택의료 등'(정확하게는 '개호시설, 재택의료 등')으로 이행시키는 것을 전제로 한다. ③ 대학병원이나 대형병원 등을 제외한 대부분 병원은 지역의 요구에 부응하기 위해서 그리고 경영을 유지하고 발전시키기 위해서, 지역의료 구상뿐만 아니라 지역포괄케어에도 적극적으로 관여하는 게 필요하다.[32]

인구 구조 및 의료 수요 변화에 따라 의료의 개념과 목적도 달라질 것이다. 의료는 수요 변화에 따라 '치료 의료'에서 '치료 및 지원 의료'로, '병원 완결형'에서 '지역 완결형'으로 전환이 필요하다. 지역에서의 종합적인 의료 서비스 제공을 위해 의료와 개호의 연계 및 지역포괄케어 시스템이라는 네트워크 구축이 중요해질 것이다. '의료에서 개호로, 병원과 시설에서 지역과 재택으로'라는 대전환을 위해서는 의료와 개호의 개혁이 통합적으로 이루어져야 한다.

---

31. 니키 류, 「논문: 지역포괄케어와 지역의료 구상에 대한 사실과 논점 - 한국보건의료연구원에서의 보고에서 ②」, 『실버아이뉴스』, 2018.9.29
32. 니키 류, 「논문: 지역포괄케어와 지역의료구상에 대한 사실과 논점 - 한국보건의료연구원에서의 보고에서 ②」, 『실버아이뉴스』, 2018.9.29

향후 과제

고령화로 인한 의료비 급증으로 국가 부담이 커져 일본 정부는 지역의료 구상을 통해 급성기 병상을 줄여 대응하였다. 개혁프로그램이 일차적으로 병상 수 축소에 초점이 맞춰져 있어 병원에서 퇴원 압박을 받는 환자가 갈만한 다음 단계의 시설이나 재택의료가 충분히 그리고 제대로 확보되느냐가 핵심이다. '병원에서 재택으로'의 흐름이 원활하게 이루어지지 않으면 예기치 않은 '의료 난민'이 발생하게 된다. 특히 상태가 중증이어서 방문진료나 방문간호만으로 대응이 어렵고, 가족의 돌봄 능력도 한계가 있을 때 문제가 된다. 이런 현실적 이유로 지역의료 구상 실행 과정에서 반발이 생기기도 했다.[33] 지역사회 돌봄 체계를 얼마나 제대로 만들어 가느냐가 관건이다.

---

33. 시바하라 케이치, 『초고령사회 일본, 재택의료를 실험하다』 장학 옮김, 청년의사, 2021

4장

재택의료

    고령이 되면 이런저런 질병으로 병원을 찾아야 할 일은 많아지는데 거동은 쉽지 않아 병원까지 이동이 문제다. 그래서 의료진이 환자 가정을 직접 방문 진료하는 재택의료 서비스의 필요성이 제기된다. 고령화에 대비하는 중요한 서비스의 하나가 바로 재택의료다.

    일본은 지역의료 구상에 따라 병상을 줄여나갔다. 고령화로 환자는 급격히 증가하는데 병상은 줄어 간극이 생겼다. 노동력 감소로 의료진도 부족하다. 지자체가 운영하는 저렴한 노인요양시설은 대기자가 넘쳐난다. 연간 3만여 명이 고독사한다고 추정한다. 구조 변혁이 필요했다. 대안은 지역사회나 가정에서 의료가 이루어지는 재택의료 서비스 제공 구조를 만드는 것이다.

    2025년을 앞두고 재택의료가 일본 의료체계 전면에 서게 된다. 2025년까지 의료재정 삭감의 일환으로 20만여 병상을 축소해 나가면서 의료와 돌봄을 병원에서 지역사회로 옮기는 중이다. 입원 의료비 지출을 줄이는 대신 지역사회에서 의료와 복지 수요에 대응해 나간다는 전략이다.[1] 지역포괄케어 시스템에서 핵심은 재택의료다.

    이 장에서는 일본 재택의료 추진 경과와 현황을 살핀다. 재택의료는

---

1. 고정민, 「2025년이 두려운 일본, 재택의료에서 길을 찾다」, 『년의사』, 2022.6.29

다양한 의료 분야 인력들이 참여하는 다학제 접근을 기본으로 한다. 따라서 의사, 간호사, 치위생사, 약사, 영양사, 재활치료사, 사회복지사 등 다양한 직역의 의료인력이 관여한다. 그만큼 이들의 소통과 협업이 재택의료의 효율성 나아가 성패를 좌우한다.

일본 재택의료 개념

재택의료는 의사, 간호사 등 의료인력이 환자의 집이나 시설 등을 방문하여 진료, 처치, 의학적 상담, 지도 등 환자의 건강과 관련하여 실시하는 행위다. 병원 밖에서 이루어지는 의료를 총칭하는 개념이다.

근대까지도 의사의 왕진은 기본적인 의료행위의 하나였다. 의학이 발전하면서 검사 기기나 장비가 발전하고 다양한 처치와 수술이 발달하면서 병원이 의료행위의 기본 공간으로 탈바꿈한다. 환자가 병원으로 와야만 의료가 가능해졌다. 그러나 고령화로 인해 거동이 불편한 환자들은 특수 장비나 수술조차 필요하지 않은 경우도 많다. 오히려 의료인이 다시 환자를 찾아가야 하는 필요성이 대두된다. 왕진의 부활이다. 이전과 달리 다양해진 의료 분야에 따라 재택의료 분야도 다양해지고 훨씬 체계적으로 진행될 필요가 생긴다. 병원 의료를 일부 대체해야 하는 임무를 맡았기 때문이다.

어느 나라보다도 빨리 고령화된 일본은 재택의료 체계를 구축하고 전면적으로 확대하여 시행하였다. 이제는 어느 정도 체계를 잡아 의료의 일상적이고 중요한 분야로서 역할을 수행한다.

일본의 재택의료는 왕진과 방문진료로 구분한다. 왕진은 통원이 어려운 환자 또는 그 가족 등의 요청을 받아 의사가 왕진의 필요성을 인정하여 그때그때 비연속적으로 환자의 자택을 방문하여 진료 및 처치, 처방 등을 실시하는 행위를 말한다. 반면 방문진료는 의사가 통원이 어려운 환자의 동의를 얻어 환자의 병력, 질병 및 건강 상태, 가족의 간병 능력, 경제적 사정 등을 고려하여 일정 기간의 진료계획을 수립하고, 계획적인 의학 관리하에 정기적으로 진료, 처치, 처방, 상담, 지도 등을 실시하는 경우를 말한다. 왕진이 일회성과 비연속성을 띤다면 방문진료는 계획적이고 연속적인 행위 방식이다. 따라서 진료수가도 달리 산정된다. 의사, 치과의사 이외의 인력이 환자의 자택 및 시설을 방문한 것은 왕진이 아닌 의사의 계획적인 의학적 관리하에 정기적으로 방문한 방문진료에 해당한다.[2]

의료행위는 진료수가와 연동되기 때문에 재택의료 실행에서도 실무적인 한계들을 설정해 놓았다. 의료기관에서 16km 이상 떨어진 지역 재택의료 보험 진료를 원칙적으로 금지한다. 이 거리를 초과할 때는 방문이 필요한 절대적인 이유가 있어야만 인정한다. 환자의 희망으로 16km 초과한 경우는 전액 환자 부담이다. 후생노동성 장관이 승인한 지역에 한해 16km를 넘으면 시간 및 거리에 따라 가산이 가능하다. 의료기관마다 설정하는 재택의료 가능 거리가 다르며, 왕진과 방문진료 가능 지역이 항상 동일하지도 않다.[3]

재택의료 역사

의사가 환자를 찾아가는 왕진이 고전적 재택의료 방식으로 제2차

---

2. 오영인 외 『일본의 재택의료 현황과 시사점』 연구보고서 2019-06, 의료정책연구소, 2019.10
3. 오영인 외 『일본의 재택의료 현황과 시사점』 연구보고서 2019-06, 의료정책연구소, 2019.10

세계대전 종전 후부터 이어졌다. 통원이 곤란한 환자의 요구에 따라 계획적으로 환자의 자택을 정기적으로 찾아가는 방문진료가 일부 의료기관에서 시행되기도 했다. 그러나 당시는 병원 의료의 전성시대로 방문진료를 하던 개원 의사도 고령화되어 '현대적 재택의료'가 널리 보급되는 상황은 아니었다.[4]

현대적 의미의 재택의료 시작은 1989년부터다. 1989년 고령사회를 대비하여 건강하고 보람찬 노후를 보낼 수 있는 사회를 실현하기 위해 '고령자 복지 보건 추진 10개년 계획'을 수립하고, 1991년에는 방문간호 제도가 시작되었다. 1992년 「의료법」 개정으로 재택의료가 입원, 외래에 이어 제3의 의료로 자리매김한다. 지역에서 만성 질환이나 중증 장애를 가진 고령자, 완화케어를 필요로 하는 환자도 점점 증가하기 시작한다. 재택의료를 담당하는 새로운 세대의 의사가 1990년대부터 등장하는데, 그들은 학회나 연구회를 설립하여 경험을 공유하고 증거를 축적하여 재택의료의 틀을 형성하기 위해 노력한다.[5]

1994년경 '집에서 지내는 환자로 통원이 곤란한 자에 대하여 동의를 얻어 계획적인 의학적 관리하에 정기적으로 방문하여 진찰을 하는 것'으로 재택의료의 개념이 확립된다.[6]

21세기 들어 재택의료는 더욱 확대된다. 개호보험 제도 시행에 따라 재택의료는 강력하게 추진된다. 2006년 「개호보험법」 개정을 통해 정부가 지역포괄케어 시스템을 도입하면서 재택의료가 핵심 내용으로 자리매김한다.

---

4. 오영인 외 『일본의 재택의료 현황과 시사점』 연구보고서 2019-06, 의료정책연구소, 2019.10
5. 오영인 외 『일본의 재택의료 현황과 시사점』 연구보고서 2019-06, 의료정책연구소, 2019.10
6. 최경환 『일본 농촌 지역의 재택의료 실태와 시사점』 288 연구자료-1, 한국농촌경제연구원, 2022.12

[표 13] 재택의료의 역사적 분류[7]

재택의료		시대	특징	사회 배경
고전적 재택의료		-1965년 전후	급성 질환(감염증, 뇌졸중)에 대해 의사가 왕진	외적 질환(감염병, 모자) 뇌졸중 등 급성질환 평균 수명 60대
현대적 재택의료	여명기	1970-1992년	장애가 있는 환자, 말기 환자에 대한 24시간, 계획적 지원, 가족 간병 전제(근대적 재택의료의 시초)	성인병(암, 심장병 뇌졸중) -> 치료, 병원 의료, 평균 수명 70-75/75-85
	초창기	1992-2012년	개호보험 아래의 재택의료(노인 세대를 지원) 공급량의 증가(개호보험 재택의료, 골드플랜), 재택의료 서비스의 보급, 학문 체계 및 교육 체계의 확립	성인병+노인 질환 평균 수명 79/87
	발전기	2012년-	지역포괄케어 시대의 재택의료, 다직종 협동을 통한 수평 통합과 입원 진료와의 수직 통합, 재택의료의 시스템화(시정촌, 의사회), 연수 추진 및 질 개선	노년 증후군 평균 수명 80/90 초고령자의 증가 독거노인 증가, 가족기반, 지역 만들기

2014년 국회에서 의료와 개호 개혁을 위해 '지역의 의료 및 개호의 종합적인 확보를 추진하기 위한 관계 법률의 정비 등에 관한 법률안'이 통과된다. 지역에서 효율적이고 질 높은 의료 제공 체계와 지역포괄케어 시스템 구축을 통한 의료 및 개호의 종합적인 보장을 추진하기 위해 「의료법」, 「개호보험법」 등 관련 법률을 정비하고자 함이다.[8] 같은 해 도도부현에 의료개호종합확보기금을 설치하고, 도도부현에서의 연수나 인재 육성, 신규 참여 독려 등 재택의료 서비스 제공 체제 구축에 필요한 사업에 대해 재정을 지원하도록 한다. 2015년도부터는 재택의료에 관한 전문지식과 경험을 갖춘 지역 인재 육성 사업을 중점적으로 추진해가기 시작한다.[9] 2018년도부터의 제7차 의료계획에서는 지역의료 구상과 개호보험 사업 지원 계획와 더불어 재택의료의 보다

---

7. 최경환 『일본 농촌 지역의 재택의료 실태와 시사점』 288 연구자료-1, 한국농촌경제연구원, 2022.12
8. 오영인 외 『일본의 재택의료 현황과 시사점』 연구보고서 2019-06, 의료정책연구소, 2019.10
9. 최경환 『일본 농촌지역의 재택의료 실태와 시사점』 288 연구자료-1, 한국농촌경제연구원, 2022.12

실효적인 정비 목표를 설정하여 대응을 추진 중이다.

향후 재택의료 수요는 고령화의 진전과 지역의료 구상에 의한 병상의 기능 분화, 연계에 의해 크게 증가할 것으로 보인다. 이러한 수요 증가에 대응하기 위한 체계를 도도부현, 시정촌, 관련 단체가 협력하여 만들어 나가는 것이 중요한 과제다.

재택의료 체계와 절차

도도부현이 작성하는 의료계획에는 지역 실정을 고려한 재택의료 체계 관련 과제와 실행 방안 등이 담긴다. 국가는 '재택의료 체계 구축에 관한 지침'을 제시하고, 도도부현이 지역에 적합한 현실적 진행 방안 등을 제시한다. 지침에서 도도부현은 재택의료 체계 기능으로 ① 퇴원 지원 ② 일상 요양 지원 ③ 응급 시의 대응 ④ 간병 돌봄의 네 가지 기능을 제시하고, 이 기능들을 아우르는 재택의료 권역을 설정하도록 했다.[10]

설정된 권역 내에서는 네 가지 재택의료 기능이 원활하게 이루어지도록 '재택의료에서 적극적 역할을 담당하는 의료기관'과 '재택의료에 필요한 연계를 담당할 거점'이 필요함을 지적한다. 재택요양지원진료소(재지진), 재택요양지원병원(재지병) 등이 '재택의료에서 적극적 역할을 담당하는 의료기관'의 역할을 수행한다.

재택의료 권역은 재택의료 의료기관과 재택의료 거점의 분포 상황, 의료자원의 정비 상황, 개호와의 연계 방식 등이 지역에 따라 다르기

---

10. 최경환, 『일본 농촌지역의 재택의료 실태와 시사점』, 288 연구자료-1, 한국농촌경제연구원, 2022.12

[표 14] 재택의료 체계[11]

체제	퇴원 지원	일상 요양 지원	응급 시 대응	간병돌봄
목표	-입원 의료기관과 재택의료에 관련된 기관의 원활한 연계에 의해 빈틈없는 계속적인 의료체계를 확보하는 것	-환자의 질환, 중증도에 맞는 의료(완화케어를 포함)가 다직종 협동에 의해 가능한 한 환자가 살아온 지역에서 계속적, 포괄적으로 제공되는 것	-재택 요양자 병증의 응급 시에 대응할 수 있도록 재택의료를 담당하는 병원, 진료소, 방문의료 사업소 및 입원 기능을 가진 병원과의 원활한 연계에 의한 진료 체계를 확보하는 것	-살아온 자택이나 개호시설 등 환자가 희망하는 장소에서 간병을 할 수 있는 체계를 확보하는 것
관계기관 (예)	-병원·진료소 -방문간호사업소 -약국 -거택개호 지원사업소 -지역포괄지원센터 -재택의료에서 적극적 역할을 담당할 의료기관 -재택의료에 필요한 연계를 담당할 거점 ※병원·진료소에서는 치과를 표방하는 것을 포함함, 이하 동일함	-병원·진료소 -방문간호사업소 -약국 -거택개호 지원사업소 -지역포괄지원센터 -개호노인보건시설 -단기입소 서비스 제공 시설 -재택의료에서 적극적 역할을 담당할 의료기관 -재택의료에 필요한 연계를 담당할 거점	-병원·진료소 -방문간호 사업소 -약국 -재택의료에서 적극적 역할을 담당할 의료기관 -재택의료에 필요한 연계를 담당할 거점	-병원·진료소 -방문간호 사업소 -약국 -거택개호 지원사업소 -지역포괄지원센터 -재택의료에서 적극적 역할을 담당할 의료기관 -재택의료에 필요한 연계를 담당할 거점
요구되는 사항 (발췌)	【입원 의료기관】 -퇴원 지원의 경우에는 환자가 살아온 지역을 배려한 재택의료 및 개호 지원의 조정을 유의할 것 【재택의료 관련 기관】 -재택 요양자의 니즈에 맞추어 의료나 개호를 포괄적으로 제공할 수 있도록 조정하는 것 -고령자만이 아니라 소아나 젊은 층의 재택 요양자에 대한 방문진료, 방문간호, 방문약제지도 등에도 대응할 수 있도록 체계를 확보하는 것	【재택의료 관련 기관】 -상호 연계에 의해 재택 요양자의 니즈에 대응한 의료나 개호가 포괄적으로 제공되는 체계를 확보하는 것 -지역포괄지원센터 등과 협동하면서 요양에 필요한 의료나 개호, 가족의 부담 경감으로 연결되는 서비스를 적절하게 소개하는 것 -의약품이나 의료·위생재료 등의 공급을 원활히 하기 위한 체계를 정비하는 것	【재택의료 관련 기관】 -증상 급변 시에 연락처를 미리 재택 요양자나 그 가족에게 제공하고 또 요구가 있을 경우에 24시간 대응이 가능한 체계를 확보하는 것 -24시간 대응이 본원에서 어려운 경우도 인근 병원이나 진료소, 방문간호 사업소 등과의 연계에 의해 24시간 대응이 가능한 체계를 확보하는 것 【입원 의료기관】 -재택요양 지원병원, 유상진료소 등에서 연계하는 의료기관(특히 무상진료소)이 담당하는 재택 요양자의 증상이 급변하는 경우에 필요에 따라 입실 수용을 하는 것 -중증으로 대응할 수 없는 경우는 다른 적절한 의료기관과 연계하는 체계를 구축하는 것	【재택의료 관련 기관】 -종말기에 출현하는 증상에 대한 환자나 가족의 불안을 해소하고, 환자가 희망하는 장소에서의 간병을 할 수 있는 체계를 구축하는 것 -환자나 가족에 대해 자택이나 살아온 지역에서 받을 수 있는 의료 및 개호나 간병에 관한 적절한 정보 제공을 하는 것 【입원 의료기관】 -재택의료에 관련된 기관으로 간병에 대응할 수 없는 경우에 대하여 병원, 유상 진료소에서 필요에 따라 수용하는 것

때문에 현실적 조건을 감안, 종래의 2차 의료권에 구애받지 않고 탄력적으로 설정한다. 가능한 응급 상황 대응과 의료, 개호의 연계 체계를 도모하는 설정을 권장한다.

재택의료 서비스 내용과 절차

주치의가 환자 자택 요양이 필요하다고 판단한 경우에 아래의 서비스를 받을 수 있다. 방문진료, 방문치과진료·방문치과위생지도, 방문간호, 방문약제관리, 방문재활, 방문영양식사지도 등 6가지 범주의 서비스가 가능하다. 각 방문 서비스 내용의 개관은 [표 15]와 같은데 나중에 분야별로 자세하게 설명한다.

[표 15] 재택의료 서비스의 내용[12]

유형	내용
방문진료	통원이 곤란한 자의 자택에 의사가 방문하여 진료를 실시함
방문치과진료 방문치과위생지도	통원이 곤란한 자의 자택에 치과의사, 치과위생사가 방문하여 치아의 치료와 의치 조정 등을 통해 음식을 씹어 삼킬 수 있는 지원을 함
방문간호*	간호사 등이 자택에 방문하여 안심감이 있는 생활을 영위하도록 처치와 요양 중의 대화 등을 실시함
방문약제관리*	통원이 곤란한 자의 자택에 약제사가 방문하여 약의 복용 방법과 음료수 등의 확인·관리·설명 등을 함
방문재활*	통원이 곤란한 자의 자택에 물리치료사, 작업치료사, 언어치료사가 방문하여 운동기능과 일상생활에서 필요한 동작을 하도록 훈련과 가옥의 적절한 개조의 지도 등을 함
방문영양식사지도*	관리 영영사가 자택에 방문하여 병증과 식사 상황, 영양 상태와 생활 습관에 적합한 식사 등의 영양관리지도를 함

* 표시는 의사 지시하에서 실시

---

11. 최경환, 『일본 농촌지역의 재택의료 실태와 시사점』, 288 연구자료-1, 한국농촌경제연구원, 2022.12
12. 최경환, 『일본 농촌 지역의 재택의료 실태와 시사점』, 288 연구자료-1, 한국농촌경제연구원, 2022.12

재택의료 절차는 5가지 항목으로 나뉜다. 외래에서 재택으로 전환, 재택의료 상담, 퇴원 시 공동지도, 첫 방문진료 시 정보 수집, 재택의료 계획이다. 재택의료를 시작하기 전에 가족과 사전 면담 기회를 마련하는 것은 원활한 재택의료를 수행하기 위해 필요한 요소다.

의사인 주치의의 역할이 가장 중요하다. 간호, 약제관리, 재활, 영양 식사지도 등은 의사의 지시에 따라 진행한다. 방문의료를 담당하는 여러 직역의 인력이 팀접근(Team Approach)으로 활동한다.

재택의료 현황

일본의 방문진료는 계속 증가 추세다. 후생노동성 발표를 보면 방문진료 건수는 재택의료가 처음 도입된 지난 2006년 237만 7천여 건에서 2019년 954만 3천여 건으로 증가했다. 방문진료 환자 수는 2006년 198,166명을 시작으로 2019년 795,316명까지 늘었다. 오는 2025년에는 100만 명을 돌파하리라 예상된다. 재택의료 이용자의 90% 이상이 75세 이상 후기 고령자다.[13]

2017년 환자 조사 결과 1일 추정 외래 환자는 719만 1천여 명인데, 그 중 재택의료 외래 환자는 18만 2백여 명으로 전체 외래 환자 중 2.5%를 차지한다. 재택의료를 받은 추정 외래 환자 중 왕진을 받은 환자는 4만 4천3백여 명이고 방문진료를 받은 환자는 13만 5천9백여 명으로, 환자의 응급한 상황에 대응하기 위하여 사전에 계획 없이 그때그때 방문하는 왕진에 비해 계획 수립하에 정기적인 방문진료를 받은

---

13. 고정민, 2025년이 두려운 일본, 재택의료에서 길을 찾다, 『 년의사』, 2022.6.29

[그림 1] 1일간 재택의료를 받은 추계 외래 환자 수의 연도별 추이[14]

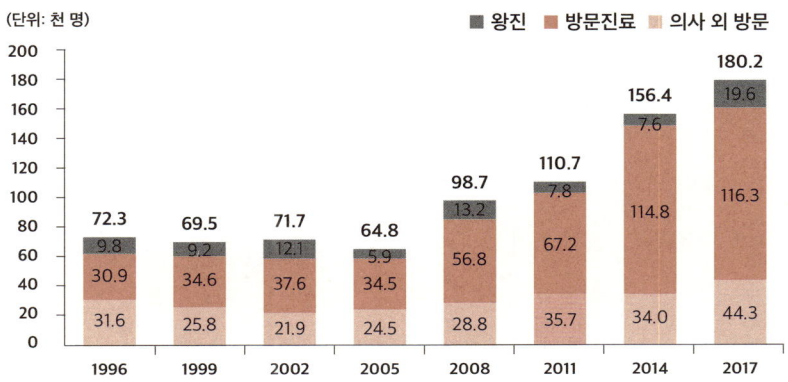

출처: 후생노동성(2018)

환자가 약 3배 더 많은 것으로 추정된다. 1일 재택의료를 받은 추정 외래 환자 18만여 명 중 0-14세 환자는 300명으로 가장 적었고, 15-34세 환자는 1천8백여 명, 35-64세 환자는 1만 1천여 명, 65세 이상 환자는 16만 6천여 명이었다. 65세 이상 환자가 92%로 대부분을 차지한다. 1일간 75세 이상 추정 외래 환자 208만여 명 중 재택의료를 받은 추정 환자는 약 14만 8천9백여 명이었고 방문진료를 받은 추정 환자는 11만 4천4백여 명으로 왕진을 받은 환자 3만 4천5백여 명에 비해 약 3.3배 많았다. 재택의료 이용 환자의 연령대는 주로 65세 이상 고령 환자이며, 재택의료는 병원이 아닌 진료소 중심으로 이루어지고 있고 왕진보다는 계획 수립에 의한 방문진료가 더 활발한 것으로 나타났다.[15]

2020년도에는 조사 일에 재택의료를 받은 외래 환자 수가 17만 3천

---

14. 오영인 외 『일본의 재택의료 현황과 시사점』 연구보고서 2019-06, 의료정책연구소, 2019.10
15. 오영인 외 『일본의 재택의료 현황과 시사점』 연구보고서 2019-06, 의료정책연구소, 2019.10

6백여 명으로 추산된다. 연차별 추이를 보면 2008년부터 꾸준히 증가하다가 2020년에는 감소하는 것으로 나타나는데 당시 코로나 팬데믹 영향으로 전체 외래 환자 수가 감소하였기 때문으로 보인다.

2020년도 재택의료가 시행된 시설 종류별로 보면, 병원 2만 2천3백여 명, 일반 진료소 11만 3천여 명, 치과 진료소 4만 9백여 명이다. 주로 일차의원인 진료소에서 대다수 재택의료가 이루어진다. 재택의료 종류별로 보면, 왕진 5만 2천7백여 명, 방문진료 10만 5천7백여 명, 의사나 치과의사 이외의 방문 1만 5천2백여 명이다.

[표 16] 연령계층별로 본 재택의료를 받은 추계 외래 환자 수(2020년)[16]   (단위: 천 명)

연령계층	추계 외래 환자 수 통계	총계				병원			
		재택의료	왕진	방문진료	의사 치과의사 이외의 방문	재택의료	왕진	방문진료	의사 치과의사 이외의 방문
총계	7,137.5	173.6	52.7	105.7	15.2	22.3	6.3	13.4	2.7
0-14세	719.8	0.4	0.3	0.1	0.0	0.2	0.1	0.0	0.0
15-34세	647.1	1.8	0.8	0.7	0.3	0.5	0.2	0.1	0.1
35-64세	2,137.8	11.2	4.2	0.4	1.6	2.5	0.1	0.6	1.0
65세이상	3,618.8	159.6	47.2	99.1	13.3	19.2	5.0	12.7	1.5
70세이상	2,963.9	153.4	45.7	95.2	12.5	18.3	4.7	12.3	1.3
74세이상	2,077.3	142.3	42.9	88.0	11.3	16.5	4.2	11.3	1.0

연령계층	일반진료소				치과진료소		
	재택의료	왕진	방문진료	의사 치과의사 이외의 방문	재택의료	왕진	의사 치과의사 이외의 방문
총계	110.3	46.4	61.2	2.7	40.9	31.1	9.8
0-14세	0.3	0.2	0.1	-	-	-	-
15-34세	1.1	0.6	0.4	0.1	0.2	0.2	-
35-64세	6.2	3.2	2.5	0.4	2.6	2.3	0.3
65세이상	102.4	42.3	58.0	2.2	38.0	28.5	9.6
70세이상	98.1	41.0	56.1	2.0	36.0	26.7	9.3
74세이상	93.1	38.7	52.6	1.8	32.7	24.1	8.5

16. 최경환 『일본 농촌지역의 재택의료 실태와 시사점』 288 연구자료-1, 한국농촌경제연구원, 2022.12

왕진과 방문진료 건수는 보험 청구 건수를 통해 간접적으로 파악할 수 있다. 보험 청구 없이 전적으로 본인 부담 재택진료도 있으나 그리 많지 않다.

왕진료 매월 보험 청구 건수가 2006년에서 2015년 사이 13만-14만 여 건으로 제자리걸음이다.[17] 왕진 청구가 별로 증가하지 않는데 비해 방문진료 청구 건수는 2006년부터 꾸준히 증가한다. 2006년 19만여 건에서 2015년 69만여 건, 2020년 82만여 건으로 증가한다.[18]

연령에 따른 재택의료 현황은 예상대로 연령과 함께 방문진료의 수진율이 증가하는데 특히 85세 이상에서 뚜렷하다. 2008년에는 방문진료 대상 환자 중 소아 및 청소년은 없었으나, 2014년에는 방문진료를 받는 0-4세 소아 환자의 비율은 0.1%, 5-19세 소아·청소년의 비율은 0.2%로 증가하였다. 방문진료 대상 환자 중 20-64세의 성인의 비율은 2008년에는 5.5%이었으나, 2014년에는 3.5%로 소폭 감소하였다.[19] 재택의료가 처음 고령자 대상으로 시작하였으나 점차 전 연령을 포괄하는 의료 방식으로 역할이 확대되었다.

2018년 방문진료 월 75만여 건 청구 중에서 0-4세 833건(0.12%), 5-19세 1,841건(0.24%), 20-39세 4,954건(0.66%), 40-64세 21,921건 (2.9%), 65-74세 51,353건(6.80%), 75-84세 192,621건(25.50%), 85세 이상 481,842건(63.79%)이었다.[20]

의료계도 재택의료 전문성 강화를 위해 노력한다. 내과 교육과정에

---

17. 오영인 외 『일본의 재택의료 현황과 시사점』 연구보고서 2019-06, 의료정책연구소, 2019.10
18. 최경환 『일본 농촌 지역의 재택의료 실태와 시사점』 288 연구자료-1, 한국농촌경제연구원, 2022.12
19. 오영인 외 『일본의 재택의료 현황과 시사점』 연구보고서 2019-06, 의료정책연구소, 2019.10
20. 최경환 『일본 농촌지역의 재택의료 실태와 시사점』 288 연구자료-1, 한국농촌경제연구원, 2022.12

재택의료가 포함되고, 2010년부터는 일본재택의료연합학회가 재택의료 인정 전문의를 배출하고 있다.

일본은 코로나 팬데믹 기간 중 감염자가 폭발적으로 증가했던 오미크론 변이 바이러스 등장 이전부터 확진자 재택치료를 시행했다. 병상 부족으로 불가피한 선택이라고는 하지만 이미 갖춰진 인프라가 있어 가능한 선택이기도 했다. 면회 제한으로 병실에 혼자 남겨지자 자의 반 타의 반 퇴원해 재택의료를 받는 경우도 많았다.[21] 일본은 코로나 감염으로 인한 사망자가 인구 대비 적은 나라로 꼽힌다. 중앙 방역이 그리 원활하지 않았음에도 지역사회 재택의료가 이미 가동 중이어서 현장 단위 대응이 가능했다.

병원보다는 자신이 살던 집에서 임종을 바라는 경향이 늘었는데 재택의료 덕분에 가능하다. '존엄한 죽음'에 대한 사회적 수용도가 높아진 것이 영향을 미쳤다. 지난 2017년 후생성 인식 조사에서 국민 69.2%가 집에서 임종하고 싶다 답했다. 재택의료가 그 여건을 제공한다. 10%까지 떨어졌던 '재택사' 비율은 지난 2020년 15.7%를 기록하며 상승 추세다. 완화의료 기능을 강화한 '재택완화케어 충실진료소'도 늘고 있다.[22]

재택의료 진료소와 중소병원

왕진이나 방문진료에서 가장 중요한 역할을 담당하는 건 일차의원이다. 우리나라는 일차의원을 그냥 의원이라고 부르는데 일본에서는

---

21. 고정민 「2025년이 두려운 일본, 재택의료에서 길을 찾다」 『년의사』 2022.6.29
22. 고정민 「2025년이 두려운 일본, 재택의료에서 길을 찾다」 『년의사』 2022.6.29

진료소라고 부른다. 의료법인에서 일차의원 개설이 어려운 우리나라와 달리 일본은 의료법인에서도 일차의원인 진료소를 개설할 수 있어 법인 소속 진료소가 많다. 한 법인에서 1개 이상 진료소를 개설한 곳도 많아 전적으로 의사 개인에 의존하는 우리나라 일차의원과 상황이 다르다.

일본은 진료소의 재택의료 참여율이 높다. 2005년 전체 의원의 18.9%인 16,920개소가 재택의료를 실시하는데 2017년이 되면 21.8%인 20,167개소로 늘어난다. 2014년 이후 재택의료를 실시하는 진료소는 꾸준히 2만여 곳을 유지하였다. 2020년에는 진료소의 34.3%가 의료보험 적용 재택의료 서비스를 제공한다. 이들 중에는 100명 이상의 재택 환자를 진료하는 곳도 있다.

일본의 재택의료는 왕진과 방문진료로 구분하여 시행한다. 후생노동성 의료시설 조사 내용을 보면 2002년 전체 일반 진료소 중 29.4%(27,852개소)가 왕진을 실시하였으나, 점차 감소하여 2017년 전체 일반 진료소 중 20.5%(20,851개소)가 왕진 서비스를 제공한다. 왕진을 실시한 병원은 2002년 전체 병원 중 24.8%(2,177개소)가 왕진을 실시하였으나, 마찬가지로 감소하다가 2011년 시점으로 다시 증가하여 2017년 전체 병원 중 19.7%(1,661개소)가 왕진 서비스를 제공하였다.

방문진료를 제공하는 진료소는 2002년 전체 일반 진료소 중 18.9%(16,920개소)다. 2014년까지 꾸준히 증가하다 감소하여 2017년 전체 일반 진료소 중 19.9%(20,167개소)가 방문진료를 제공하였다.[23]

제도상 의사 1인만 있어도 재택의료가 가능하다. 재택의료기관으로

---

23. 오영인 외 『일본의 재택의료 현황과 시사점』 연구보고서 2019-06, 의료정책연구소, 2019.10

신청하면 대부분 인정해 준다. 재택의료기관 70% 이상이 1인 진료 체제다. 이들 기관은 365일 24시간 대응해야 하는 기준을 충족하기 어렵다. 이 때문에 방문간호 스테이션과 연계하기도 하고 병원이나 대형 클리닉에 심야나 응급진료를 맡기기도 한다. 병원과 연계하여 퇴원 환자를 인계받기도 한다.[24]

진료소들은 외래 진료와 병행하기 때문에 재택진료 환자가 한달에 1-2명에서 많으면 100명에 이르는 곳도 있다. 재택의료를 전문으로 하는 진료소들은 재택의료만 하고 외래진료를 하지 않는다. 「건강보험법」의 취지에 따르면 모든 보험 의료기관은 환자의 자율적 접근성을 보장하는 관점에서 외래 수요에 대한 대응 체제를 갖추는 것이 기본 원칙이다. 그래서 원칙적으로 외래진료를 제공하지 않고 재택의료만 전문적으로 제공하는 보험 의료기관은 인정하지 않는다.[25] 그러나 이 규정의 적용은 지방 후생국에 따라 지도 내용이 다르고 전국에 일률적으로 적용할 기준 지침이 규정되어 있지 않다. 그래서 외래진료에 대한 수요가 있음에도 외래진료는 하지 않고 재택의료만 제공하는 의원이 늘어났다.[26] 외래 진료를 한다고 공지하지만 실제 진료를 거의 하지 않는 곳도 있다.

지역포괄케어 시스템 추진 초기에 재택의료는 주로 진료소에 한정되었으나 범위가 조금씩 확대되어 2013년경 중소병원도 포함한다. 병원의 범위는 법으로 정하지 않았으나 통상 200병상 미만의 중소병원

---

24. 고정민「2025년이 두려운 일본, 재택의료에서 길을 찾다」,『년의사』, 2022.6.29
25. 경증 환자만 모아서 진료하는 폐해가 있고, 일반 의료 제공의 연장 선상에서 재택의료를 제공한다는 취지에서 벗어난다는 문제 제기가 있음
26. 무토 마사키『커뮤니티 케어 : 일본의 의료와 개호』남은우, 정승용, 김소형, 신정우 옮김, 계축문화사, 2018

으로 상정한다. 다만 일부 지역에서는 대형병원이나 대학병원이 적극 참여하기도 한다.[27]

방문진료를 수행하는 병원급 의료기관은 2002년 전체 병원 중 31.6%(2,849개)였는데, 점차 감소하다가 2011년부터 다시 증가하여 2017년 전체 병원 중 32.1%(2,702개)에 이른다.[28] 최근 병원급의 참여가 늘어 2020년 기준으로는 병원 65.3%가 재택의료에 참여하고 있다.

외래진료가 가능한 의료기관으로 요건을 충족하면 재택의료를 실시하는 재택요양지원진료소(이하 재지진) 혹은 재택요양지원병원(이하 재지병)으로 인정한다. 여기에 기능강화형 의료기관도 추가되었다.[29]

2006년 지역의료의 책임을 지닌 재지진 및 재지병으로 등록한 의료기관의 의사가 진료한 경우 일반 진료소 의사가 진료한 경우보다 야간, 심야, 휴일 왕진, 재택의학종합관리, 재택임종(재택 터미널 케어), 긴급 입원진료 등에 있어 가산 수가를 준다. 24시간 연락이 가능한 의사 또는 간호 직원을 미리 지정, 담당자와 직접 연락할 수 있는 전화번호, 긴급 주의 사항 등을 사전에 환자 또는 가족에게 설명한 뒤 문서로 제공해야 한다. 재택의료를 담당하는 상근 의사를 3명 이상 배치하고 24시간 왕진 및 방문간호도 가능하도록 체계를 확보해야 한다. 병원과 연계하여 긴급 입원할 병상도 확보해야 한다.

의료법인 유신카이는 오사카 지역에서 방문진료를 전문으로 하는 곳이다. 방문진료 클리닉 1개소와 방문간호 스테이션 1개소를 운영하는데 그중 한 곳인 '홈케어클리닉 타마즈쿠리'는 상근 의사 1명, 비

---

27. 니키 류 『일본의 커뮤니티 케어』 정형선 편역, 북마크, 2018
28. 오영인 외 『일본의 재택의료 현황과 시사점』 연구보고서 2019-06, 의료정책연구소, 2019.10
29. 오영인 외 『일본의 재택의료 현황과 시사점』 연구보고서 2019-06, 의료정책연구소, 2019.10

상근 의사 2명, 간호사 3명, 사무직원 4명이 근무하며 재택환자 100여 명, 시설 환자 100여 명을 담당한다. 외래 진료 없이 방문진료만 하면 수가가 삭감되어 1주일에 하루 정도 외래진료 시간을 배정한다.

'고베신경내과홈클리닉'은 파킨슨병, 뇌경색, 치매 등 신경계 질환에 특화되어 방문진료를 담당한다. 파킨슨병 환자가 70% 정도 차지한다. 1주일에 하루 외래 진료를 보며 나머지는 방문진료에 집중한다. 신경 질환 환자는 대개 중증도가 높아 기본 수가 외에 추가 수가가 붙는다. 노인시설 환자 방문도 인정하는데 이 경우 여러 환자를 동시에 볼 수 있다는 장점은 있으나 수가가 삭감된다.

재지병은 허가 병상 수 200병상 미만의 병원 또는 병원 중심 반경 4km 이내에 진료소 및 병원이 없을 때 지정 가능하며 해당 병원이 신고한 후 반경 4km 이내에 진료소가 개설된 경우라도 일정 기간 해당 병원을 재지병으로 지정할 수 있다. 마찬가지로 재택의료를 담당하는 상근 의사 3명 이상을 배치해야 한다.[30]

2012년에는 왕진과 간호 실적 등 일정 요건을 충족하여 승인을 받은 의료기관의 의료진이 진료한 경우 가산 수가를 주는 기능강화형 재지진 제도를 도입했다. 여기에는 단독형과 연계형이 있다. 단독형은 해당 의료기관이 단독으로 재택의료를 담당하는 상근 의사 3명 이상, 과거 1년 동안의 긴급왕진 실적 10건 이상, 초중증 아동의 관리 실적 4건 이상의 필수 조건을 충족하여야 하며, 연계형은 타 의료기관과의 연계를 통해 재택의료를 담당하는 상근 의사 3명 이상, 연계보험 의료기관과 함께 지난 1년 동안 긴급왕진 실적 10건 이상(해당 병원에서 4건 이상), 연

---

30. 오영인 외, 『일본의 재택의료 현황과 시사점』, 연구보고서 2019-06, 의료정책연구소, 2019.10

계보험 의료기관과 함께 지난 1년 동안 방문간호 실적 4건 이상(해당 병원에서 2건 이상), 또는 1년 동안 15세 미만의 중증 아동 및 준중증 아동에 대한 재택의료 실적 2건 이상의 필수 조건을 충족하여야 한다.[31]

재지진과 재지병의 현황을 보면 재지진은 증가 추세를 보이다 최근 답보 상태이며, 재지병은 꾸준히 증가 추세다. 병원은 인력 자원이 풍부하여 다른 의료기관과 연계하지 않고 단독으로 운영하는 곳이 상대적으로 많다.

2021년 현재 종래 방식의 재지진은 11,291개소이며, 기능강화형 재지진 중에서 단독형은 217개소, 연계형은 3,005개소에 이른다. 중소병원의 경우 종래 방식의 재지병은 970개소, 기능강화형 재지병 중에서 단독형은 225개소, 연계형은 392개소에 이른다.[32] 재지병 등록 의료기관 수는 2010년부터 증가하기 시작한다. 재지진에 비해 등록 의료기관 수는 적으나 2012년 기능강화형 제도 신설 이후 재지진에 비해 기능강화형 요건을 갖춘 병원의 비율이 높은 편이다. 기능강화형 요건을 갖춘 병원 중 재지진에 비해 타 의료기관과 연계하지 않고 단독형으로 운영하는 병원 비율이 높다.[33]

재지진별 담당 치료 환자 수 구성 비율을 보면 1-9명의 환자를 담당하여 치료하는 재지진의 비율이 30%로 가장 많았고, 10-19명의 환자를 담당하여 치료하는 재지진의 비율은 15%, 다음으로 20-29명의 환자를 담당하여 치료하는 재지진의 비율은 10%며, 100명이 넘는 환자를 담당하여 치료하는 재지진의 비율도 약 9%에 달한다.

---

31. 오영인 외 『일본의 재택의료 현황과 시사점』 연구보고서 2019-06, 의료정책연구소, 2019.10
32. 최경환 『일본 농촌 지역의 재택의료 실태와 시사점』 288 연구자료-1, 한국농촌경제연구원, 2022.12
33. 오영인 외, 『일본의 재택의료 현황과 시사점』 연구보고서 2019-06, 의료정책연구소, 2019.10

재지병별 담당하는 치료 환자 수의 구성 비율은 재지진과 유사하게 1-9명의 환자를 담당하는 재지병의 비율이 22%로 가장 높았고, 10-19명의 환자를 담당하는 비율은 13%, 20-29명의 환자를 담당하는 비율은 9%, 30-39명의 환자를 담당하는 비율은 10%, 100명이 넘는 환자를 담당하는 재지병도 11%에 달한다.[34]

[표 17] 재지진, 재지병 시설 기준[35]

구분	기능강화형 재지진·재지병				재지진·재지병
	단독형		연계형		
	진료소	병원	진료소	병원	
모든 재지진·재지병의 기준	① 24시간 연락을 받는 체제 확보 ② 24시간 왕진 체제 ③ 24시간 방문간호 체제 ④ 긴급 시 입원 체제 ⑤ 연계하는 의료기관 등에 정보 제공 ⑥ 연 1회, 간병 수 등을 보고하고 있을 것 ⑦ 적절한 의사결정 지원에 관련된 지침을 작성하고 있을 것				
모든 재지병의 기준	'재택요양지원병원'의 시설 기준은 위의 기준에 추가해 아래의 요건을 충족할 것 (1) 허가 병상 200병상 미만일 것 또는 해당 병원을 중심으로 반경 4km 이내에 진료소가 존재하지 않을 것 (2) 왕진을 담당하는 의사는 해당 병원의 당직 체제를 담당하는 의사와 별도일 것 ※의료자원이 적은 지역에 소재하는 보험 의료기관의 경우는 280병상 미만				
기능강화형 재지진·재지병의 기준	⑧ 재택의료를 담당하는 상근의사 3명 이상		⑧ 재택의료를 담당하는 상근의사 연계 내에서 3명 이상		
	⑨ 과거 1년간의 긴급왕진 실적 10건 이상	⑨ 다음 중 어느 하나 *과거 1년간 긴급왕진 실적 10건 이상 *재택요양지원진료소로부터의 요청에 의해 환자를 수용하는 병상을 항상 확보하고 있을 것 및 재택요양지원진료소로부터의 요청에 의해 환자 수용을 한 실적이 치근 1년간 31건 이상 *지역포괄케어병동입원비·입원의료관리비1 또는 3을 신고하고 있을 것	⑨ 과거 1년간의 긴급왕진 실적 10건 이상 각 의료기관에서 4건 이상	⑨ 다음 중 어느 하나 *과거 1년간 긴급왕진 실적 10건 이상, 각 의료기관에서 4건 이상 *재택요양지원진료소로부터의 요청에 의해 환자를 수용하는 병상을 항상 확보하고 있을 것 및 재택요양지원지료소로부터의 요청에 의해 환자 수용을 한 실적이 치근 1년간 31건 이상 *지역포괄케어병동입원비·입원의료관리비1 또는 3을 신고하고 있을 것	
	⑩ 과거 1년간의 간병 실적 또는 중증·준중증아의 의학관리 실적 어느 하나 4건 이상		⑩ 과거 1년간의 간병 실적 연계 내에서 4건 이상 아울러 각 의료기관에서 간병 실적 또는 중증·준중증아의 의학관리 실적 어느 하나 2건 이상		
	시정촌이 실시하는 재택의료, 개호연계 추진사업 등에서 재택요양 지원진료소 이외의 진료소 등과 연계하는 것과 지역에서 24시간 체제에서의 재택의료 제공에 관련된 적극적 역할을 담당하는 것이 바람직				

34. 오영인 외, 『일본의 재택의료 현황과 시사점』, 연구보고서 2019-06, 의료정책연구소, 2019.10
35. 최경환, 『일본 농촌지역의 재택의료 실태와 시사점』 288 연구자료-1, 한국농촌경제연구원, 2022.12

2014년에는 재택요양 후방지원병원 제도를 신설하게 된다. 이는 허가 병상 200병상 이상인 병원으로 재택의료를 제공하는 의료기관과 연계하여 24시간 연락을 받는 체계를 마련하고 있다. 연계의료기관의 요구에 따라 입원 환자 진료가 24시간 가능한 체제를 확보(병상 확보를 포함)하고 있어야 한다. 연계의료기관과의 사이에 3개월에 1회 이상 환자 진료 정보를 교환하고 입원 희망자 일람표를 작성한다. 이 제도가 처음 시행된 2014년 215개 병원이 지정되었으며 2021년 현재 413개소로 증가하였다.[36]

주치의와 부주치의 제도

지역포괄케어 시스템에 있어서 시설 중심의 의료, 개호 서비스를 재택 중심의 의료, 개호 서비스로 전환하는 것이 가장 중요한 과제다. 재택의료가 제대로 작동하기 위해서는 24시간 왕진과 방문진료 체계가 작동해야 한다.

의사가 많은 중소병원의 경우 단독으로 24시간 대응 체계가 가능하나 의사 1-2인이 운영하는 진료소는 일상적인 대응이 가능하지 않다. 재택의료는 일반적으로 주치의에 의해서 행해지는데 환자는 한 명의 주치의에게서 재택의료 서비스를 받는다. 이처럼 환자를 한 명의 의사가 전담하여 서비스를 제공해야 하는 종래의 왕진 시스템은 의사에게 큰 부담이 되고, 지역포괄케어 시스템 확대에 걸림돌이 되었다.

이를 해결하기 위해서 지역 의사회 역할이 중요하다. 지역 의사회는

---

36. 최경환, 『일본 농촌지역의 재택의료 실태와 시사점』, 288 연구자료-1, 한국농촌경제연구원, 2022.12

한 명의 주치의가 다수의 환자를 진료하는 것이 아닌, 다수의 주치의와 부주치의가 다수의 환자를 공동으로 진료하는 시스템을 만들었다. 주치의가 부재 중이거나 바빠서 재택진료를 수행할 수 없을 때 부주치의가 주치의 역할을 대신한다. 이 시스템을 '주치의 부주치의 시스템'이라 하는데 여러 지역에 도입되어 적용 중이다.

주치의가 긴급 환자 발생 등으로 방문 진료가 불가능할 때, 이를 대신하여 방문진료를 시행하는 부주치의를 미리 지정함으로써 주치의와 부주치의의 부담을 줄이고, 왕진 서비스에 대한 의사의 진입 장벽도 낮췄다. [그림 2]에서 보듯이 주치의 상호 간에 부주치의를 지정하기도 하고 여의치 않을 때는 부주치의 기능을 담당하는 집중진료소에 부주치의 역할을 의뢰하기도 한다.[37]

[그림 2] 주치의 부주치의 시스템

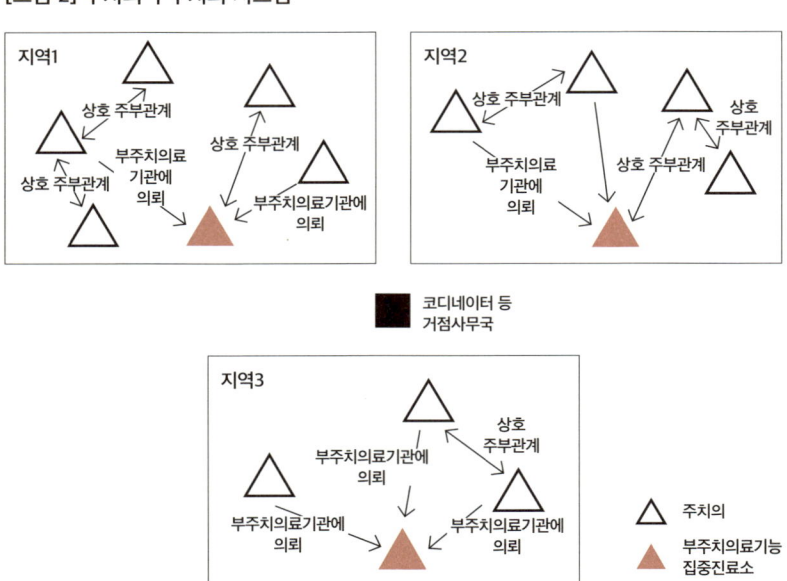

37. 이용근, 「고령사회 있어서의 지역계획 및 연구에 관한 해외 선진국 동향」, 한국과학기술정보연구원, 2015.5.20

나가사키 시長崎市는 '나가사키 재택 Dr.Net'이 연계 창구가 되어 재택진료를 희망하는 환자에게 재택주치의를 소개한다. 주치의를 결정하고, 주치의를 백업하는 부주치의를 확보함으로써 방문진료 부담을 나눈다. 만일의 긴급 상황에 대비하는 체계를 확립하고, 재택의료에서 24시간 대응 체제를 실현한다. 단골 의사가 있으면 단골 의사를 우선하여 재택주치의로 정하며 Dr.Net은 필요할 때 주치의를 지원한다. 부주치의가 주치의 대신 진료를 하는 건수는 1년에 1-2건 정도로 적지만 주치의에게는 만일의 경우 대신 의뢰할 수 있는 부주치의가 있다는 것만으로도 부담감을 던다. Dr.Net 방식은 그나마 의사가 많은 도시 지역의 의사 네트워크 방식이므로 의사가 적은 벽지에서는 적용이 어렵다.[38]

임종케어와 미토리看取り

고령화와 더불어 임종 문제에 대한 논의도 활발하다. 편안하게 존엄한 임종을 맞이하는 과정을 일본에서는 '종활(終活, 슈카츠)'이라고 한다. 신변의 정리, 재산 상속에 관한 계획 수립, 장례식 및 묘소의 준비 등도 포함한다. 종활과 관련하여 일본에서는 임종케어를 3가지 형태로 유형화한다. 임종케어는 연명치료를 시행하지 않으면서 순수하게 임종을 준비하는 케어만을 포함한다. '터미널케어'는 인간의 존엄성을 지키기 위해 연명치료를 중단하고, 신체 및 정신적 고통을 줄이는 의료행위에 초점을 맞추는 임종케어를 말한다. 그래도 최소한의 치료와

---

38. 최경환 『일본 농촌 지역의 재택의료 실태와 시사점』 288 연구자료-1, 한국농촌경제연구원, 2022.12

간호가 이루어지기 때문에 주로 병원에서 죽음을 맞이하게 된다. 다음으로 '온화케어'는 고통을 줄이는 것에 초점을 맞춘 임종케어다. 터미널케어가 죽음 직전에 연명 치료를 중단한 후에 이루어지는 것에 반해 온화케어는 죽음 직전이 아니더라도 천천히 죽음에 이르기까지 편안한 삶을 보내는 것이 목적이다. 일반적으로는 생존 가능성이 낮은 말기 암 환자 등이 온화케어를 선택한다. 마지막으로 '미토리'가 있는데 이는 어떠한 의료행위도 행하지 않으며 인간이 자연스럽게 죽음에 이르는 과정을 간호하는 임종케어다.[39] 미토리는 의료행위를 시행하지 않는다는 점에서 주로 개호시설이나 재택에서 이루어진다. 재택의료의 중요한 부분이다.

미토리는 최근에 이슈가 되었다. 초고령사회가 진전되면서 사망자 수 급증으로 병상 수 부족에 대비하기 위하여 병원 외 장소에서도 임종을 맞을 수 있는 시스템 마련이 시급해졌다. 이를 위해 2006년 개호수가 개정 시에 '미토리 개호 가산제도'를 도입하였다. 이를 적용하기 위해서는 ① 간호 직원, 의사 및 진료소 등과 24시간 연락 가능 체제를 마련할 것 ② 시설입소 시의 지침에 대해 당사자 혹은 가족에게 설명 후 동의를 얻을 것 ③ 의사, 간호사, 케어매니저, 요양보호사가 미토리에 대해 미리 회의하고 대응할 수 있을 것 ④ 미토리에 관한 연수를 진행할 것 ⑤ 미토리를 위한 공간을 따로 마련하는 등 환경을 정비하여 다른 이용자들을 배려할 것 등의 기준 요건을 마련하였다.

미토리가 진행되는 시기는 임종 직전 연명치료를 포기한 때다. 신체가 쇠약해지는 시점에 어떤 임종케어를 진행할지를 가족과 상의 후 최

---

39. 최성준 「일본 노인 임종 케어의 새로운 형태 '미토리'」 『복지타임즈』, 2023.11.7

종 결정한다. 미토리를 진행하기로 결정한 후에는 회복이 불가능하다는 의사의 진단을 바탕으로 그 이후에 모든 연명치료 및 의료행위를 중단한다. 미토리를 통한 케어는 크게 신체적 케어, 정신적 케어, 가족 케어로 나뉘며, 모든 과정에 의료조치가 포함되지 않는 만큼, 당사자가 최대한 안정된 생활을 보낼 수 있도록 하는 것에 초점을 맞춘다.[40]

방문간호

의사들이 직접 나가는 왕진이나 방문진료만으로는 재택의료 수요를 다 감당할 수 없다. 굳이 의사가 직접 안 나가도 될 때도 많고 간호 분야에서 맡는 게 더 좋은 때도 있다. 재택의료 영역에서 간호사의 역할은 지대하다. 일본에서는 다양한 방식으로 방문간호가 이루어진다.

방문간호 이용은 개호보험과 의료보험이 복잡하게 얽혀 있다. 원칙적으로 방문간호는 이용자가 개호보험 대상자일 때는 개호보험이 우선 적용된다. 단 악성종양 말기, 난치병 환자, 갑작스런 상태 악화 등에 따라 주치의 지시가 있는 경우에 한하여 의료보험이 적용된다.[41]

일본의 방문간호는 병원이나 진료소가 직접 제공하거나 방문간호 스테이션이 제공한다. 그리고 의료보험와 개호보험 중 어느 것을 적용할 것이냐로 나뉜다. 이 두 가지 조합에 따라 네 가지 유형으로 분류한다. [표 18]은 2016년 방문간호 기관 현황이다. 병원과 진료소가 직접 제공하는 방문간호는 의료보험 적용이 더 많다.

---

40. 최성준 「일본 노인 임종 케어의 새로운 형태 '미토리'」 『복지타임즈』 2023.11.7
41. 무토 마사키 『커뮤니티 케어 : 일본의 의료와 개호』 남은우, 정승용, 김소형, 신정우 옮김, 계축문화사, 2018

[표 18] 보험 유형에 따른 방문간호 시행 기관 구분(2016년)[42]

	개호보험 방문간호	의료보험 방문간호	계
방문간호 스테이션	8,484	8,613	17,097
방문간호를 시행하는 병원과 진료소	1,629	4,284	5,913

　방문간호 스테이션 수는 증가 추세로, 2020년 7월 청구 기준 개호보험의 방문간호를 제공하는 사업소는 14,287개로 대폭 증가하였다. 개호보험의 방문간호를 시행하는 병원과 진료소는 감소 추세인데[43] 이는 방문간호 스테이션에 비해 수가가 전반적으로 낮기 때문이다. 2006년 병원 수가 개정 이후 방문간호 근무 간호사를 병원 내 근무로 많이 전환하였다고 한다.[44] 현재 방문간호 서비스의 90% 이상은 방문간호 스테이션에서 제공한다.

　방문간호 스테이션은 개설자가 법인에 한정되어 있는데, 영리법인(59.2%), 의료법인(21.9%), 사단·재단법인(6.7%) 등이다. 영리법인은 1999년부터 가능했는데 간호사나 보건사가 설립하는 경우가 증가하는 추세다. 스테이션당 이용자 수를 보면 39명 미만이 34.6%를 차지하고 100명 이상인 곳도 20.8%로 점차 규모가 확대되었다. 스테이션에는 간호사, 준간호사, 운동치료사, 작업치료사, 언어치료사 등이 근무한다.[45]

　영리법인 주식회사인 FK메디카는 방문간호 스테이션 4개소(1개소는 프랜차이즈 기맹점)와 케어플랜센터 2개소를 운영한다. 이 중 하나인 방

---

42. 무토 마사키 『커뮤니티 케어 : 일본의 의료와 개호』 남은우, 정승용, 김소형, 신정우 옮김, 계축문화사, 2018
43. 2005년 3,286개소에서 2015년에는 1,617개소로 10년 동안 반 정도 감소
44. 무토 마사키 『커뮤니티 케어 : 일본의 의료와 개호』 남은우, 정승용, 김소형, 신정우 옮김, 계축문화사, 2018
45. 공익재단법인 일본방문간호재단, 방문간호의 현황과 미래 (출처 : www.jvnf.or.jp)

오사카의 한 방문간호 스테이션 모습

문간호 스테이션 아리쿠는 케어플랜센터를 병설로 운영한다. 간호사 4명, 재활치료사 5명, 케어매니저 1명이 근무하며, 등록환자 수는 120여 명으로 방문간호 80여 명, 방문재활 40여 명에 이른다. 한 달 방문 건수는 1천 건 이상이며 야간콜은 한 달에 4-5건 정도다.

2014년 기능강화형 방문간호 스테이션 제도가 도입되는데 미토리 건수, 중증 이용자 수, 케어매니저 배치 등의 요건을 충족하면 지정받을 수 있다. 조건이 까다로워 기능강화형 방문간호 스테이션 수는 크게 늘지 않았다. 처음 두 가지 유형으로 출발했는데 2018년 한 가지가 추가되어 지금은 세 가지 유형이다. 2014년 처음 도입 당시 1형 94개소, 2형 107개소로 시작하여 2020년 7월 현재 1형 325개소, 2형 246개소, 3형 13개소가 운영 중이다.[46] 기능강화형 방문간호 스테이션 요건은 [표 19]와 같다.

46. 최경환 『일본 농촌 지역의 재택의료 실태와 시사점』 288 연구자료-1, 한국농촌경제연구원, 2022.12

[표 19] 기능강화형 방문간호 스테이션 요건[47]

구분	기능강화형1 터미널케어 실시와 중증아의 수용 등을 적극적으로 하는 체계를 평가	기능강화형2	기능강화형3 지역의 방문간호 인재 육성 등의 역할을 평가
월(月)의 초일의 금액	12,830엔	9,800엔	8,470엔
간호 직원의 수·비율	상근 7명 이상(1명은 상근 환산 가능), 6할 이상	5명 이상(1명은 상근 환산 가능), 6할 이상	4명, 6할 이상
24시간 대응	24시간 대응 체계 가산 신고 + 휴일, 축제일 등도 포함한 계획적인 방문간호의 실시		
중등도가 높은 이용자의 수용	표7의 이용자 월 10명 이상	표7의 이용자 월 7명 이상	별표7·8의 이용자, 정신과 중증환자 또는 복수의 방문간호 스테이션이 공동으로 방문하는 이용자 월 10명 이상
터미널케어의 실시, 중증아의 수용	아래의 어느 것 *터미널케어 전년도 20건 이상 *터미널케어 전년도 15건 이상 + 중증아 상시 4명 이상 *중증아 상시 6명 이상	아래의 어느 것 *터미널케어 전년도 15건 이상 *터미널케어 전년도 10건 이상 + 중증아 상시 3명 이상 *중증아 상시 5명 이상	
개호·장애 서비스의 계획 작성	아래의 어느 것 *거택개호 지원사업소를 동일 부지 내에 설치 + 특히 의료적인 관리가 필요한 이용자의 1할 정도에 대해 개호 서비스 등 계획 또는 개호예방 서비스 계획을 작성 *특정상담 지원사업 또는 장애아 상담 지원사업소를 동일 부지 내에 설치 + 서비스 이용 계획 또는 장애아지원이용 계획의 작성이 필요한 이용자의 1할 정도에 대해 계획을 작성		
지역에서의 인재 육성 등	아래의 어느 것이라도 충족 *인재 육성을 위한 연수 등의 실시 *지역의 의료기관, 방문간호 스테이션, 주민 등에 대한 정보 제공 또는 상담 실적		아래의 어느 것이라도 충족 *지역의 의료기관과 방문간호 스테이션을 대상으로 한 연수 연 2회 *지역의 방문간호 스테이션과 주민 등에 대한 정보 제공·상담 실적 *지역의 의료기관의 간호 직원의 일정 기간의 근무 실적
의료기관과의 공동			아래의 어느 것이라도 충족 *퇴원 시 공동지도 실적 *병설 의료기관 이외의 의사를 주치의로 하는 이용자가 1할 이상
전문 연수를 받은 간호사의 배치	전문 연수를 받은 간호사가 배치되어 있을 것 (바람직함)		

---

47. 최경환 『일본 농촌 지역의 재택의료 실태와 시사점』 288 연구자료-1, 한국농촌경제연구원, 2022.12

방문간호 이용률은 나이가 더해질수록 증가하는데 방문간호 이용자 수 추계에서 2025년 이후 75세 이상(후기 고령자)이 7할 넘을 것으로 예상한다. 방문간호 이용자 수는 다소 지역 차는 있지만, 많은 이차의료권(198개의 의료권)에서 2040년 이후에 피크를 맞이할 것이다.[48]

방문간호 이용자 수를 보면 2019년 6월 한 달 동안 개호보험 적용 방문간호는 546,200건으로 2001년 대비 2.9배 증가하였으며, 의료보험 적용 방문간호는 288,795건으로 2001년 대베 5.9배 증가한 것으로 나타난다. 개호보험과 의료보험 모두 계속 증가 추세다.[49] 이용자를 요개호도별로 보면 요지원1-요개호2가 차지하는 비율이 증가하는 경향을 보인다.

소아 방문간호 이용자 중 난치병 등 의료적 케어에 해당하는 환아의 비율은 2011년 대비 2019년에는 약 2.7배 증가하였다. 방문간호도 고령자를 벗어나 전 연령층 대상으로 확대되면서 포괄적인 의료로 자리매김하였다.

말기 환자는 개호보험의 터미널케어 가산과 의료보험의 방문간호 터미널 요양비 모두 증가 경향이며, 2021년도는 특히 더 증가했다. 재택에서 사망한 이용자에 대해 그 사망일 및 사망일 전 14일 이내에 2일 이상 터미널케어를 시행하면(터미널케어를 한 후 24시간 이내에 재택 이외에서 사망한 경우를 포함) 수가가 가산된다.

인생의 최종 단계에서 의료와 돌봄에 관하여 당사자 상담에 적절히 대응할 수 있는 체계를 강화하기 위해 의료 돌봄팀(의사, 간호사 등)의 육성과 연수를 전국에서 실시함과 아울러 강사 육성에도 힘쓰고 있다.

---

48. 최경환 『일본 농촌 지역의 재택의료 실태와 시사점』 288 연구자료-1, 한국농촌경제연구원, 2022.12
49. 최경환 『일본 농촌 지역의 재택의료 실태와 시사점』 288 연구자료-1, 한국농촌경제연구원, 2022.12

2021년도에는 215팀 807명이 상담원 연수를 수강하였다. 재택 분야를 중심으로 한 프로그램은 394개 시설 431명이 수강하였다.[50]

[표 20] 인생 최종 단계에서 의료 돌봄 체제 정비사업(연수사업)[51]

프로그램	주안점 및 구성 내용
강의	'인생의 최종 단계에서의 의료 돌봄의 결정 프로세스에 관한 가이드 라인'의 해설
강의(STEP1)	의사 결정력에 대하여(Groupwork와 발표)
Groupwork1	
강의(STEP2)	본인 의사 확인을 할 수 있는 경우의 추진 방법(Groupwork와 발표)
Groupwork2	
강의	Advice·Care·Planning(ACP)
강의	ACP의 실천을 배움: 만일의 경우에 대해 모임을 시작함
Role play1	본인의 의사를 추정하는 자를 선정함 치료의 전형을 찾아 최선의 선택을 지원함
강의(STEP3)	본인의 추정을 추정함
Grupwork3	다직종 및 가족 등도 포함해 본인에게 최선의 방침에 대해 합의(Groupwork와 발표)

일본간호협회, 전국방문간호사업협회, 일본방문간호재단 등이 2025년 방문간호 비전을 달성하기 위해 행동계획을 마련한 바 있다. 2025년에는 지역 편중을 해소하고, 365일 24시간 체계를 만들기 위해, 방문간호사 15만 명 확보를 목표로 하였다. 개호시설이나 그룹 홈, 학교 등에 대한 방문간호 기회를 확대하고, 기능강화형 방문간호 스테이션을 이차 진료권에 한 곳 이상 설치하는 것도 계획에 포함되어 있다.[52]

---

50. 최경환『일본 농촌 지역의 재택의료 실태와 시사점』288 연구자료-1, 한국농촌경제연구원, 2022.12
51. 최경환,『일본 농촌지역의 재택의료 실태와 시사점』, 288 연구자료-1, 한국농촌경제연구원, 2022.12
52. 공익재단법인 일본방문간호재단, 방문간호의 현황과 미래 (출처: www.jvnf.or.jp)

정기순회·수시대응형 방문개호간호

2011년 간호 분야에서도 24시간 서비스 개념이 등장한다. '정기순회·수시대응형 방문개호간호'가 24시간 제공되는 서비스의 정식 명칭인데 ① 1일 수차례의 정기 방문과 지속적인 평가를 전제로 한 서비스 ② 단기간의 케어 등 시간에 제약되지 않는 유연한 서비스 제공 ③ 수시대응을 수행하는 안심 서비스 ④ 24시간 대응 ⑤ 개호 서비스와 간호 서비스의 통합 제공 등을 수행한다.

24시간 서비스는 방문개호와 방문간호가 통합적으로 또는 밀접하게 연계하면서 단시간의 정기순회형 방문을 하는 것 그리고 이용자 요구에 수시로 대응하는 것을 특징으로 한다. 이 서비스는 2012년 4월 개호 수가 개정에서 정식으로 자리 잡는다. 신설된 24시간 서비스의 사업소 체계는 ① 통합 사업소(1개의 사업소가 방문개호와 방문간호 서비스를 함께 제공) ② 연계형 사업소(사업소가 지역의 방문간호 사업소와 연계하여 서비스 제공)로 두 가지 유형이다.[53]

이 서비스가 시행된 지 4년 후인 2016년 9월 말 기준으로 통합형이 351개, 연계형이 557개로 총 908개 사업소가 24시간 서비스를 제공한다. 1일 평균 1.5만 명이 이용하지만, 2025년이 되면 수요가 15만 명에 이를 것으로 예상한다.

---

53. 무토 마사키, 『커뮤니티 케어: 일본의 의료와 개호』, 남은우, 정승용, 김소형, 신정우 옮김, 계축문화사, 2018

간호 소규모 다기능형 거택개호

'간호 소규모 다기능형 거택개호' 서비스는 2010년 사회보장심의회 개호보험부회에서 제안한 복합형 서비스를 토대로 한다. '방문간호, 방문개호, 통소, 숙박, 상담 등의 기능을 통합적으로 제공할 수 있는 서비스'가 필요하여 기존의 방문간호와 '소규모 다기능형 거택개호(방문개호, 통소, 숙박)'를 조합시킨 서비스를 만들자는 것이다.

기존의 방문간호, 방문개호는 하루 중 한정된 시간에 이용하는 일시적인 서비스다. 그러나 간호직원이나 개호직원이 잘 볼 수 있는 통소나 숙박을 동일 사업소에서 제공하면 일시적인 서비스를 연속적이며 지속적인 서비스로 바꿀 수 있다. 이 서비스는 1개의 사업소가 24시간 365일 통소, 숙박, 방문개호, 방문간호를 이용자의 상황에 따라 유연하게 제공하는 것이다. 2016년 4월 기준 전국에 294개소가 있다. 많지는 않은데, 이유는 2015년도 개호 수가 개정 시 복합형 서비스에서 '간호 소규모 다기능형 거택개호'로 명칭이 변경되어 사람들에게 아직 널리 알려지지 않아서다.[54]

방문치과진료

2017년 12월 발표된 '치과 보건의료 비전'은 고령화의 진전과 치과 수요 변화를 토대로 하여 치과 서비스 제공 체계에 대하여 치과 의료 종사자 등이 지향할 모습을 담았다.

---

54. 무토 마사키, 『커뮤니티 케어: 일본의 의료와 개호』, 남은우, 정승용, 김소형, 신정우 옮김, 계축문화사, 2018

일본은 1987년 '홈치과 하우스 콜케어 팀'의 신설로 방문치과진료가 시작되었다. 2000년 방문치과협회가 설립됐으며, 현재 전체 치과의 20% 이상이 방문치과진료에 참여한다. 치과 진료소 내에서 시행하는 진료보다 3-4배 정도의 수가가 책정되었다. 잇몸치료를 포함하는 구강관리치료는 월 2회 건강보험청구도 가능하다.[55]

방문검진과 방문진료는 건강보험에서, 구강관리는 개호보험에서 재정 지원을 받는다. 한번 방문해 20분 동안 교육과 관리만 해줘도 22만 원가량 수가가 책정된다. 일본에서 방문치과진료는 1년에 1,000만 건 가량 이루어진다.

방문치과진료를 주로 담당하는 기관으로 '재택요양지원치과진료소(이하 재지치진)'가 있다. 재지치진도 두 가지 유형에 따라 수가가 달라지는데 데 1형의 경우 더 많은 실적을 요구한다.[56]

재택의료 체계 구축과 관련된 현황 파악 지표 예로 '재지치진 수'가 설정되었는데 72%의 도도부현이 이 지표를 이용하며, 목표로 설정하는 도도부현도 47%에 이른다. 재지치진을 포함하여 방문치과진료를 시행하는 치과 진료소가 후방 지원 기능을 갖는 치과의료기관과의 연계나 의과-치과 연계도 추진한다.[57]

방문치과진료에서 치과위생사의 역할은 중요하다. 치과위생사가 활동하는 재택의료 관련 구강 재활 영역은 방문재활, 지역포괄케어센터, 개호요양시설 등이 있다.[58] 방문재활에서는 주로 삼킴장애 예방을 위

---

55. 김영희, 「초고령사회 도래, 치과 '돌봄'에 주목하라」, 『치과신문』, 2024.10.11
56. 최경환, 『일본 농촌 지역의 재택의료 실태와 시사점』, 288 연구자료-1, 한국농촌경제연구원, 2022.12
57. 최경환, 『일본 농촌 지역의 재택의료 실태와 시사점』, 288 연구자료-1, 한국농촌경제연구원, 2022.12
58. 일본구강재활학회에서는 2006년부터 '구강 재활 인정 치과위생사'라는 학회 인정 전문 자격을 부여하고 있다.

[표 21] 방문치과진료를 지표로 활용하는 도도부현 수[59]

지표	현황 파악	목표 설정
재택요양지원치과진료소 수	34(72%)	22(47%)
재택방문진료를 실시하고 있는 진료소, 병원 수	33(70%)	20(43%)
방문구강위생지도를 실시하고 있는 진료소, 병원 수	13(28%)	7(15%)
방문구강위생지도를 받은 환자 수	7(15%)	1(2%)
재택에서 활동하는 영양 서포트팀(NST)와 연계하는 치과의료기관 수	5(11%)	1(2%)
방문치과진료를 받은 환자 수	6(13%)	3(6%)
치과위생사를 대동한 방문치과진료를 받은 환자 수	4(9%)	0(0%)

해 시행되는 혀와 볼 스트레칭 관련 운동 등에 대해 교육하거나 개호 직원을 대상으로 약 15분 동안 구강 재활 교육을 실시한다. 지역포괄케어센터에서 시행하는 지역회의 및 인지증 지원회의 등에는 지역의 료기관에 소속된 치과위생사가 참여해 구강케어 용품 및 개호 식단의 경구 섭취 방법 등에 대한 정보를 제공한다. 개호시설에서는 입소자를 대상으로 구강 상태 파악 및 관리, 식후 구강케어, 입소자 진료를 위한 협력 치과 연계 업무 및 신입 개호 직원 대상 구강케어 연수 등을 시행한다.[60]

방문약제지도관리

일본의 약료 서비스는 ① 약제 복용력 관리지도 ② 복용 약제 조정 지원 ③ 재택환자 방문약제관리지도 형태로 시행된다.

---

59. 최경환, 『일본 농촌 지역의 재택의료 실태와 시사점』, 288 연구자료-1, 한국농촌경제연구원, 2022.12
60. 강주현, 최성미, 「일본 구강 재활 분야에서의 치과위생사의 역할 및 시사점」, *J Korean Soc Dent Hyg* 2022;22(6):477-83

약제 복용력 관리지도는 환자의 개인 약물요법 기록이 적힌 약 수첩을 토대로 하여 시행되는 서비스다. 약 수첩을 검토하여 환자에게 적절한 복약지도를 수행하며 필요하면 처방의에게 연락하여 처방 변경을 제안한다. 복용 약제 조정지원 서비스는 여러 의약품을 동시에 복용하는 환자를 대상으로 한 서비스로 환자가 복용하는 의약품을 파악하여 복약 순응도, 부작용, 중복 투약 등을 확인하고 의사와 상의하여 약물요법을 조정한다.[61]

재택 환자 방문약제관리지도료는 의료보험이 적용되는 '재택환자 방문약제지도'와 개호보험이 적용되는 '개호예방 거택요양 관리지도' 두 가지가 있다. 의료보험이 적용되는 재택 환자 방문약제 지도는 지방 후생지국장에 신고를 한 약국에서 시행하며 환자의 통원이 곤란하다고 판단될 때 의사의 요청에 따라 진행된다.

약사는 환자의 재택에서 현재 복약 상황, 약물 보관 상황, 병용 약들을 확인하며 환자 및 보호자에게 약 관련 설명과 정보를 제공한다. 이 서비스는 약국에서 조제 후 제공받는 복약 상담 서비스와 유사하며 안전관리가 필요한 의약품에 대해서는 특별 관리를 한다. 미리 작성한 약제 관리지도 계획과 조제약을 지참하여 방문하며 필요하면 개호 관련 용품을 같이 판매하거나 대여해 줄 수 있다. 방문 시 폐약 관리, 환자 주거환경 및 위생지도, 생활 습관 지도 등도 함께 수행한다. 이이 같은 재택 환자 방문약제지도는 약사가 정해진 교육을 수료하여야만 시행 가능하다.[62]

---

61. Yumin Lee et al, Consideration and Implication of Pharmaceutical Care in Community Care On UK, Japan, Singapore and Austrailia, *Yakhak Hoeji,* 2021;65(2):109-120
62. Yumin Lee, et al, Consideration and Implication of Pharmaceutical Care in Community Care On UK, Japan, Singapore and Austrailia, *Yakhak Hoeji,* 2021;65(2):109-120

약사의 자택 방문 서비스는 다양한 형태로 확대되어 '재택 환자 긴급 방문약제관리지도료'와 '재택환자 긴급 시 등 공동지도료' 등으로 산정되는 서비스도 시행 중이다.

'재택환자 긴급 방문약제관리지도료'는 환자가 긴급하게 약학 관리지도가 필요할 때 재택요양 책임 의사의 요청에 따라 진행되며 서비스 시행 후 결과를 문서화하여 의사에게 제공된 후에 산정된다. '재택환자 긴급 시 등 공동지도료'는 환자 상태가 갑자기 변하거나 치료방침이 바뀌었을 때 의사의 요청하에 의료 종사자들과 약사가 함께 환자 자택에 방문하여 환자 관련 회의를 실시하고 결과를 바탕으로 계획적인 방문약제관리지도를 실시하면 산정 가능하다.[63]

개호보험이 적용되는 개호예방 거택요양 관리지도는 약사뿐만 아니라 의사, 치과의사, 영양사, 치위생사 등 의료 전문직이 자택을 직접 방문하여 전문적인 입장에서 상태를 확인하고 관리지도를 시행할 수 있다.

일본에서 약사의 방문약료 참여 비율은 점점 확대되는 추세다. 약사는 1주일에 1회 수가가 책정돼 있다. 약사가 소아의 재택의료에도 적극적으로 관여하는데 소아에 대한 재택 환자 방문 약제 관리지도료의 산정 횟수도 증가하는 추세다.

일본재택약학회는 우리나라 전문 약사 제도처럼 '재택요양지원 인정 약사' 제도를 만들어 연수 교육을 이수, 3년 이상의 실무경험 등 조건을 걸어 시험에 응시할 수 있도록 한다.[64]

---

63. Yumin Lee, et al, Consideration and Implication of Pharmaceutical Care in Community Care On UK, Japan, Singapore and Austrailia, *Yakhak Hoeji*, 2021;65(2):109-120
64. 한상인 「초고령화 사회 먼저 경험한 일본…방문약료 사업은?」 『약사공론』 2018.11.17

일본의 재택의료 서비스에서 가장 차별화되는 부분은 '처방약 전달'이다. 우선 의사가 환자의 집을 방문해 진료한 뒤 약을 처방한 후 병원에 복귀해 약국에 처방전을 팩스로 전송하면 약사는 조제한 약물을 들고 직접 가정을 방문한다. 이때 단순히 약을 전달하는 데 그치지 않는다.[65]

일본은 2019년 「의약품, 의료기기 등의 품질, 유효성 및 안전성 확보 등에 관한 법률」을 개정하면서 거주 지역에서 환자가 안심하고 의약품을 사용할 수 있도록 약사와 약국의 역할 변경을 법제화하여 2021년 8월 1일부터 시행하였다. 약사가 조제 시점뿐만 아니라 필요에 따라 환자의 약 사용 현황을 파악하고 복약지도를 해야 하는 의무, 지역 약국 약사가 환자의 약 사용에 대한 정보를 다른 의료 제공시설의 의사 등에게 제공해야 하는 의무를 법에 명시하였다. 또한 환자 자신이 자신에게 적합한 약국을 선택할 수 있도록 하는 도도부현 지사의 '기능별 약국' 제도를 도입하였다. 기능별 약국은 입원과 퇴원 시, 재택의료 이용 시 다른 의료 제공 시설과 연계하여 환자에게 서비스를 제공하는 '지역연계약국'과 암 등의 전문적인 약학 관리를 할 때 다른 기관과 연계하여 서비스를 제공하는 '전문 의료기관 연계약국'으로 나뉜다.[66]

지역연계약국은 환자의 복약 상황 등에 대한 정보를 연계하며 간병시설 등과도 환자의 의약품 사용 정보를 연계한다. 지역연계약국의 서비스 대상에는 외래 진료뿐만 아니라 재택의료와 퇴원 서비스도 포함된다. 따라서 지역연계약국에서 해당 지역의료 서비스 시설에 근무하

---

65. 김진구, 「커뮤니티 케어가 참고한 일본 방문약료 수가는?」 『데일리팜』, 2019.5.28
66. 박은자, 「일본의 지역·전문의료기관 연계 약국 도입과 시사점」 『국제 사회보장 리뷰』 2021 가을호 Vol. 18, pp. 105~115

는 의사 등 의료 관계자와 연계 체계를 구축한 후 다양한 요양 장소로 이동하는 환자의 약물 정보 등을 상호 공유하면서 환자에게 질 높은 약학적 관리를 제공하도록 규정하였다. 지역연계약국은 지역에서 다른 의료 제공 시설과 연계 체계를 구축한다. 이를 위해 지역포괄케어 시스템 구축 관련 회의에 지속적으로 참여하고 의료기관 근무 약사 및 기타 의료 관계자와 수시로 보고 및 연락이 가능한 체계를 갖추어야 한다.[67]

형식적인 연계가 아니라 실질적인 업무 연계와 환자 돌봄이 가능하도록 환자 치료 정보, 약물 사용 정보를 의료기관, 약국 등 관련 기관이 상호 공유한다는 것이 특징이다. 입원 시 환자의 이전 약물 복용 정보를 약국에서 의료기관으로 전달하고, 퇴원 시 입원 중 약물 사용 정보를 의료기관에서 약국으로 다시 전달하여 연속적인 환자 관리가 가능하도록 하였다. 고령자는 퇴원 후 지역사회에서 통원 치료를 받기도 하지만, 요양원 등 요양기관에 입소하기도 하여 개별 기관에서 사용한 약물 정보가 연계되고 통합적으로 관리되어야 중복 투약, 불필요한 의약품 변경 등을 줄일 수 있다.[68]

방문재활

방문재활도 방문의료의 중요한 분야 중 하나다. 일본의 방문재활도 제도화하여 체계적으로 이루어진다.

---

67. 박은자, 「일본의 지역·전문의료기관 연계 약국 도입과 시사점」, 『국제사회보장 리뷰』, 2021 가을호 Vol. 18, pp. 105~115
68. 박은자, 「일본의 지역·전문의료기관 연계 약국 도입과 시사점」, 『국제 사회보장 리뷰』, 2021 가을호 Vol. 18, pp. 105~115

방문재활 사업소는 병원, 진료소, 개호의료원, 개호노인보건시설 등 의사가 있는 시설에서 개설 가능하다. 인력 기준은 상임 의사 1명 이상과 운동치료사, 작업치료사, 언어치료사 적당 수로 일정 규모의 공간과 설비를 갖춰야 한다. 시설에 고용된 평균 상근 재활 전문직 직원 수는 2019년 기준으로 물리치료사 2.91명, 작업치료사 1.18명, 언어치료사 0.37명으로 물리치료사가 가장 많이 고용되었다.

방문재활 사업소는 2007년 2,612곳에서 2022년 5,214곳으로 늘었다. 방문재활을 받는 환자 수는 요개호(1-5)와 요지원(1-2)을 합쳐 2007년 40,200명에서 2022년 136,000명으로 늘었는데, 매년 증가 추세다. 서비스 내용은 전신상태 및 생활상황 파악, 배변과 배뇨상황 파악, 외출 연습, 자가 연습지도, 가족지도, 복약지도, 복지 용구의 선택과 주택 환경의 정비 등이다. 재활 서비스는 20분을 1단위로, 최대 주 6단위까지 산정 가능하다. 1회 방문재활 소요 시간은 일반적으로 40-60분 정도다.[69]

방문재활 현황을 보면 이용 시작일부터 6개월 후 ADL(일상생활 수행 능력) 점수는 42% 개선됐으며, 방문재활 이용 기간은 평균치가 758.2일, 중앙치는 462일이다. 방문재활 종료 후 이용한 서비스는 통소개호 48%, 통소재활 42%로 대부분을 차지했다. 방문재활 이용 시까지 2주 이상 걸린 이용자는 32%, 4주 이상은 24%였고, 통소재활 이용 개시까지 2주 이상 걸린 이용자는 44%, 4주 이상은 35%였다.[70]

의료보험이나 개호보험이 적용되는 방문재활은 의료기관 수 및 건수가 모두 증가 추세다. 의료보험 방문재활 이용자 수와 비교해 개호

---

69. 이민영 「한국과 일본의 노인 대상 지역사회 재활 서비스 비교 연구 : 노인장기요양보험 제도를 중심으로」 Phys Ther Korea 2022;29(2):94-105
70. 손종관 「일본 '방문재활' 실시기관·이용자 '매년 증가'」 『재활뉴스』 2023.11.9

보험의 이용자 수가 많다.

　도도부현이 관리 감독하는 총 15개 재가 서비스 및 시설 서비스 중 10개 서비스의 인력 조건에 재활 전문직이 포함된다. 다만 물리치료사, 작업치료사, 언어치료사 등 재활 전문직의 배치 기준은 '필요한 적정 수'의 재활 전문직 배치를 권고하는 수준에서 일정 비율의 재활 전문직을 필수로 배치할 것을 요구하는 수준까지 다양하다. 이들 재활 관련 서비스 중 서비스 목적 및 내용 등으로 판단하였을 때, 방문재활, 방문간호, 통소재활, 개호노인보건시설은 재활 전문직을 적극적으로 활용하여 자립 지원 및 일상생활 활동, 혹은 재택 복귀를 지원하는 재활 강화형 서비스들이다. 그 외 재활 전문직을 인력 조건에 포함하고 있는 서비스는 통소개호, 단기입소 생활개호, 단기입소 요양개호, 특정시설 입거자 생활개호, 개호노인복지시설, 개호의료원 등이다.

　이들 서비스는 대체로 재활보다는 돌봄과 요양에 초점이 맞추어져 있으나, 법에서 명시한 서비스 목적에 공통적으로 '기능훈련'을 포함하고, 인력 조건에 '기능훈련지도원 1명 이상' 혹은 '필요한 적정 수의 재활 전문직' 배치를 요구한다. 일본 「개호보험법」에서 정의하는 기능훈련지도원이란 이용자 개인의 심신 상태에 맞추어 기능훈련을 수행하는 자로서, 간호사, 준간호사, 물리치료사, 작업치료사, 언어치료사, 안마·마사지·지압사, 유도정복사, 침구사가 포함된다.[71]

　병원과 진료소에서 수행하는 방문간호에서는 치료사에 의한 방문재활을 인정하지 않으나 방문간호 스테이션을 통해서는 방문재활 서비스를 제공할 수 있다. 방문간호 스테이션을 통해 제공되는 방문재활의

---

71. 이민영 「한국과 일본의 노인 대상 지역사회 재활 서비스 비교 연구 : 노인장기요양보험 제도를 중심으로」 *Phys Ther Korea* 2022;29(2):94-105

내용은 사실상 방문재활 사업소를 통해 제공되는 것과 동일하다.

다만 방문간호 스테이션을 통해 제공되는 방문재활은 간호업무의 보조적 기능이어서 재활 전문직 배치는 선택적이므로 간호사가 직접 재활 서비스를 제공하기도 한다. 방문간호 스테이션을 통한 방문간호비 청구 건수를 살펴보면 재활 전문직에 의한 청구 건수의 비율이 2019년도 기준 53.5%를 차지하고, 해를 거듭할수록 그 비율이 증가하는 추세다. 방문간호 스테이션을 통한 재활치료는 20분을 1단위로 하며, 최대 주 6단위(120분)까지 산정 가능하다.[72]

통소재활은 '개호노인보건시설, 개호의료원, 병원, 진료소 및 그 외의 후생노동성령으로 정하는 시설에 다니면서, 심신 기능의 유지회복을 도모하고, 일상생활의 자립을 돕기 위해서 행해지는 물리치료, 작업치료 및 기타 필요한 재활'로 '데이케어'라 한다.[73]

인력 기준은 상근 의사 1명 이상, 이용자 10명 당 종사자(예, 물리치료사, 작업치료사, 언어치료사, 간호사, 간호 직원 등) 1명 이상, 이용자 100명당 물리치료사, 작업치료사, 언어치료사 1명 이상이다. 2019년도 기준으로 재활전문직 세 직종을 모두 고용한 사업소는 32.5%이었다. 평균 상근 환산 재활 전문직 직원 수는 물리치료사 2.21명, 작업치료사 0.95명, 언어치료사 0.19명으로 물리치료사가 가장 많이 고용되었다.

통소재활은 질환이 어느 정도 안정된 회복기나 골절 등의 근골격계 손상 이후 기능 저하가 나타났을 때 이용하기 적절한 서비스로, 의사의 진찰 결과에 근거해서 기능 유지 회복훈련, 일상생활 동작 훈련 등

---

[72] 이민영 「한국과 일본의 노인 대상 지역사회 재활 서비스 비교 연구 : 노인장기요양보험 제도를 중심으로」 Phys Ther Korea 2022;29(2):94-105
[73] 일본에서 '데이케어'와 '데이 서비스' 용어는 구분하여 사용하는데 재활 서비스가 포함된 경우에만 '데이케어'라 한다.

을 실시하는 등 돌봄보다는 재활에 초점이 맞추어져 있다.

통소재활 시설은 그 규모에 따라 통상규모형(월 750명 이내), 대규모형Ⅰ(월 751명 이상 900명 이내), 대규모형Ⅱ(월 901명 이상)로 구분하는데, 규모가 작을수록 높은 기본 서비스비가 산정된다. 하루 서비스 제공 시간은 '1시간 이상 2시간 미만'부터 '7시간 이상 8시간 미만'까지 1시간 단위로 세분한다.[74]

개호노인보건시설은 이용자가 3-6개월 단기간 입소하는 동안 재택복귀를 목적으로 하는 재활 훈련 등의 서비스를 제공하는 '중간 시설'에 해당한다. 2019년도 기준으로 재활 전문직 세 직종을 모두 고용한 시설은 45%, 세 직종 중 한 직종이라도 고용한 시설은 53%이었다.[75]

방문영양식사지도

가정에서 요양하는 사람이 늘어남에 따라 방문영양식사지도 서비스의 수요가 증가한다. 일본에서는 방문영양식사지도가 제도화되어 많은 환자가 이를 이용한다.

방문영양식사지도 의뢰는 주치의가 요양자의 영양 관리 필요성을 판단하여 요양자 또는 가족의 동의를 얻은 후 관리 영양사에게 의뢰한다. 의뢰기관이 담당하는 요양자가 대상이 된다. 의료기관에 속하지 않는 영양사가 방문영양식사지도를 하는 것은 인정되지 않는다.[76] 재

---

74. 이민영 「한국과 일본의 노인 대상 지역사회 재활 서비스 비교 연구 : 노인장기요양보험 제도를 중심으로」, Phys Ther Korea 2022;29(2):94-105
75. 이민영 「한국과 일본의 노인 대상 지역사회 재활 서비스 비교 연구 : 노인장기요양보험 제도를 중심으로」, Phys Ther Korea 2022;29(2):94-105
76. 김정선 「노인 식사 서비스 질 제고를 위한 자원 효율화 방안 연구, 연구보고서」 2021-14, 보건사회연구원

택 요양자들에게 방문영양식사지도를 제공할 수 있는 관리 영양사는 아직 많지는 않다.

　병원 소속 관리 영양사는 거동이 어려운 환자를 위해 가정을 정기적으로 방문하고, 요양상 필요한 영양이나 식사의 관리 및 지도를 수행한다. 개호보험이나 의료보험이 적용되는 경우는 월 2회까지며, 지도 시간은 30-40분 정도인데 마찬가지로 의사의 지시가 필요하다. 대상 환자는 가정에서 요양 중인 자(방문 진료 대상자, 도움을 받아 외래에 통원하는 자는 가능) 중 당뇨병, 신장질환, 고지혈증, 위·십이지장궤양, 고혈압, 심장질환, 고도비만, 췌장질환, 빈혈, 통풍 등 특별한 치료식이 필요한 자, 저영양상태, 연하장애자 등이다. 질병에 따른 식사 방식 지도, 식사 섭취량과 영양 상태 확인, 조리지도(도우미나 집에 있는 사람에게 지도도 가능), 영양보조식품, 개호 식품의 소개, 사용 방법 조언, 그 외 요양 생활에 관련된 다양한 사안을 상담해 준다. 관리 영양사는 직접 자택을 방문해 영양 관리나 식단 관리를 실시하거나 지도를 한다. 연하 기능이 저하되어 있거나, 당뇨병이나 신장병, 이상지질혈증 등 식사 관리가 필요할 때 식사메뉴 설계나 식사 형태를 제안하거나 삼키기 쉬운 자세 등의 지도도 시행한다.[77]

　방문영양식사지도는 의료보험에 의한 재택 환자 방문영양식사지도와 개호보험에 의한 주택요양 관리지도가 있으며, 요양등급을 받은 환자는 개호보험에 의한 서비스가 우선이다. 대상자는 통원이 곤란하고 식사 관리가 필요한 환자와 그 가족이며, 최근 고령자뿐만 아니라 의료가 필요한 소아도 증가하였다. 방문영양식사지도의 비용은 계약한 의료

---

77. 일본 의료법인 무소카이, 출처: https://care.ghu.ac.kr/

기관의 실적으로 청구하고, 청구한 의료기관에 수가가 지급된다. 영양사에게는 고용 시 계약 내용에 따라 의료기관에서 급여가 지급된다.[78]

[표 22] 방문영양식사지도의 종류[79]

요개호 인정	있음		없음	
적용보험	개호보험 주택요양 관리지도		의료보험 자택 환자 방문영양식사지도	
산정액	자택 요양자 533단위 (1단위=10엔)	거주계 시설 입소자 452단위 (1단위=10엔)	자택 요양자 530점 (1점=10엔)	거주계 시설 입소자 450점 (1점=10엔)
실시 기관	주택요양 관리지도 사업소		의료기관	
관리 영양사의 소속	주택요양 관리지도 사업소 소속 상근 또는 비상근		주치의와 동일한 의료기관에 소속된 상근 또는 비상근	
의사의 지시 사항	영양치료 계획에 따라 지시		열량, 열량 구성, 단백질, 지질, 다른 영양소의 양, 질환 상태에 따라 식사의 형태 등에 관한 정보 중 의사가 필요하다고 인정한 구체적인 지침	
실시 내용	-관련 직종과 공동으로 영양 관리 계획을 작성하고 교부 -영양 관리에 관한 정보 제공 및 지도 또는 조언을 30분 이상 실시 -영양 케어 매니지먼트의 절차에 따라 영양 상태 모니터링과 정기적으로 평가, 계획의 재검토 실시		-식품 구성에 근거한 규정 계획안 또는 구체적인 식단이 표시된 식사 지도서를 교부 -식사 지도서에 따라 식사 준비나 섭취 등에 관한 구체적인 지도를 30분 이상 실시	
대상	통원 또는 통원이 어려운 이용자의 의사가 후생노동성이 따로 정하는 특별식을 제공할 필요성을 인정한 경우 또는 당해 이용자가 낮은 영양상태에 있다고 의사가 판단한 경우에 지도 대상은 환자 또는 가족등		통원이 어려운 환자이며, 별도로 의사가 특별식을 제공할 필요성을 인정하는 경우에 적용되는 지도 대상은 환자 또는 가족 등	
대상 음식	신장질환식, 간질환 다이어트, 당뇨 식단, 위궤양 다이어트, 빈혈 다이어트, 췌장질환식, 고지혈증 음식, 통풍식, 심장질환 등에 대한 저염식, 특별한 경우의 검사식, 십이지장궤양에 대한 궤양식, 크론병 및 궤양성 대장염에 의한 장관 기능 저하에 대한 대체식, 고도비만 다이어트,(비만도 40% 이상 또는 BMI 30 이상, 고혈압에 대한 저염식(소금 6g 이하)			
	경관 영양을 위한 유동식, 연하 곤란자(따라서 수유 불량이 된 경우도 포함)를 위한 유동식, 저영양상태에 대한 식사		페닐케톤뇨증식, 풍·당뇨식, 호모시스텐뇨식, 갈락토스혈증식, 치료유우, 멸균식, 섭식 연하 기능 저하, 저영양	
급여제도	월 2회			

주: 2016년 4월 기준

---

78. 김정선『노인 식사 서비스 질 제고를 위한 자원 효율화 방안 연구, 연구보고서』 2021-14, 보건사회연구원
79. 김정선, 『노인 식사 서비스 질 제고를 위한 자원 효율화 방안 연구, 연구보고서』 2021-14, 보건사회연구원

재택 환자 방문영양식사지도료를 산정하는 의료기관 수나 환자 수도 증가 추세다. 관리 영양사에 의한 거택요양 관리지도의 산정 사업소 수는 비슷하지만, 진료수가 청구명세서는 늘었다. 재택에서 방문영양식사관리의 대상이 되는 환자는 요개호 인정을 받은 환자가 대부분이다.

2020년도 방문영양식사지도를 시행한 의료기관은 월 평균 114.7개소였으며 환자 수는 월 평균 142.5명이었다. 2015년도 의료기관 월 평균 58.8개소, 환자 수 월 평균 66.9명에서 크게 증가했다.

재택의료 관련 다른 직종과 연계 가능하며, 재택요양자의 질병, 건강 상태, 영양 상태에 적합한 영양식사지도가 가능한 영양사 육성을 목표로 공익사단법인 일본영양사회 전국재택방문영양식사지도연구회(현 일반사단법인 일본재택영양관리학회) 인증 '가정방문 관리 영양사' 제도가 2011년도에 시작되었다. 가정방문 관리 영양사는 요양자 또는 가족의 입장이나 생각을 알고, 최후까지 구강 섭취를 지원할 수 있는 개호인력이다. 관리 영양사로 인정받을 수 있는 자격은 아래와 같다. ① 공익사단법인 일본영양사협회의 회원이며, 일반사단법인 일본재택영양관리학회의 정회원으로 영양사여야 하고 ② 영양사 등록 후 5년 이상 경과하고, 병원, 진료소, 노인시설 등에서 영양사로 종사한 기간이 총 900일(주 5일 가정하여 3년 6개월 이상의 기간 필요) 이상이어야 하며 ③ 학습 프로그램의 소정의 내용을 모두 이수하고 시험에 합격한 후 방문영양식사지도 실시 실천 사례 검토 보고 심사를 받아 합격한 자다.[80]

---

80. 김정선 『노인 식사 서비스 질 제고를 위한 자원 효율화 방안 연구, 연구보고서』 2021-14, 보건사회연구원

방문영양식사지도 외에도 고령자를 위한 직접적인 식사 제공의 중요성이 부각되었다. 이에 따라 등장한 것이 배달식에 대한 요구다. 급속한 고령화의 진전에 따라 지역의 재택 고령자를 위한 의료, 개호 관련 시설 외에도 영양 상태를 적절하게 유지하며, 구강으로 먹는 즐거움도 충분히 얻도록 음식 환경 정비와 특히 양질의 배달식 사업을 요구하는 목소리가 높아진다. 따라서 의료, 개호 관련 시설과 재가가 모두 연계된 배달식 사업에 관하여 정부 차원의 정리가 필요한 상황이다.[81]

배달식 사업 내용은 '일본 일억 총활약 플랜'(2016년 6월 2일 각의에서 결정)에서 배달 식사를 이용하는 고령자들이 적절한 영양 관리가 가능하도록 사업자를 위한 가이드라인을 마련하고 '2017년도부터 그에 맞는 배달식의 보급을 도모한다'고 제시한 바 있다. 이 지침은 지역 고령자들의 건강지원을 추진하는 배달식 사업에 필요한 영양 관리에 관하여 사업자를 위한 가이드라인으로 정한 것이다.

지침에 기재된 사항은 기존의 제도에 따른 것으로 '준수한다'고 기재된 것을 제외하고는 법적 규제를 목적으로 하는 것은 아니지만, 사업자에게 가능한 한 지침을 지키도록 노력할 것을 요구한다. 지침은 추후 고령자들의 건강지원을 추진하는 배달식 사업의 전개 상황을 파악하고, 그 내용에 관해 필요하다고 인정할 때에는 재검토하도록 되어 있다.[82]

후생노동성은 고령자 대상 건강지원 배달식 사업의 영양 관리 가이

---

81. 김정선 『노인 식사서비스 질 제고를 위한 자원 효율화 방안 연구』, 보건사회연구원 연구보고서 14, 2021
82. 김정선 『노인 식사서비스 질 제고를 위한 자원 효율화 방안 연구』, 보건사회연구원 연구보고서 14, 2021

드라인을 마련하였고, 배달 도시락을 이용하는 고령자 등이 적절한 영양 관리를 실시하도록 사업자용 고령자 건강지원 가이드라인과 이용자용 가이드라인을 작성하고 보급하였다. 한편 농림수산성에서는 후생노동성과 공동으로 마련한 식사 가이드라인을 토대로 '시니어시대 건강생활 지원 식사 밸런스 가이드'를 보급하였다.[83]

2000년 개호보험 제도가 시행되면서 재택개호도 증가하는데, 이때 가정 내에서 이용할 수 있는 개호용 가공식품(이하 '개호 식품'이라 한다)의 필요성이 부각되었다. 유니버설 디자인 푸드는 개호 식품에서 변경된 명칭으로, 이용자의 능력에 대응해 섭식하기 쉽도록 형상, 물성 및 용기 등을 고려해 제조된 가공식품 및 형상, 물성을 조정하기 위한 식품을 의미한다. 고령자용 포장 용기는 유니버설 디자인을 요구하는데 연령이나 능력과 관계없이 모든 이용자가 안전하게 사용하기 편리한 포장은 식품 포장의 기본이다.

지역의료 연계모델

진료의 백업 체제나 야간 윤번제 등의 재택의료를 담당하는 의사 간 상호 협력 또는 직종 연계에 근거한 수평 연계와 응급 상황 시에 입원이 필요한 재택요양 환자를 위해 수직 연계가 필요하다. 이를 위해 지역 단위 협력이 반드시 필요하다.

치바 현 가시와 시는 시와 의사회가 중심이 되어 지역의 다직종을 포함한 체제를 구축했다. 도요시키다이 단지 내 지역의료 연계센터를

---

83. 김정선 『노인 식사서비스 질 제고를 위한 자원 효율화 방안 연구』, 보건사회연구원 연구보고서 14, 2021

설치하여 재택주치의가 없는 시민들에게 소개하기도 한다. 다직종에 대한 '재택의료 다직종 연계 연수회' 등을 실시한다.[84] 가시와 모델에 대해서는 이 책의 미지막 장에서 자세하게 다룬다.

84. 최경환 『일본 농촌 지역의 재택의료 실태와 시사점』 288 연구자료-1, 한국농촌경제연구원, 2022.12

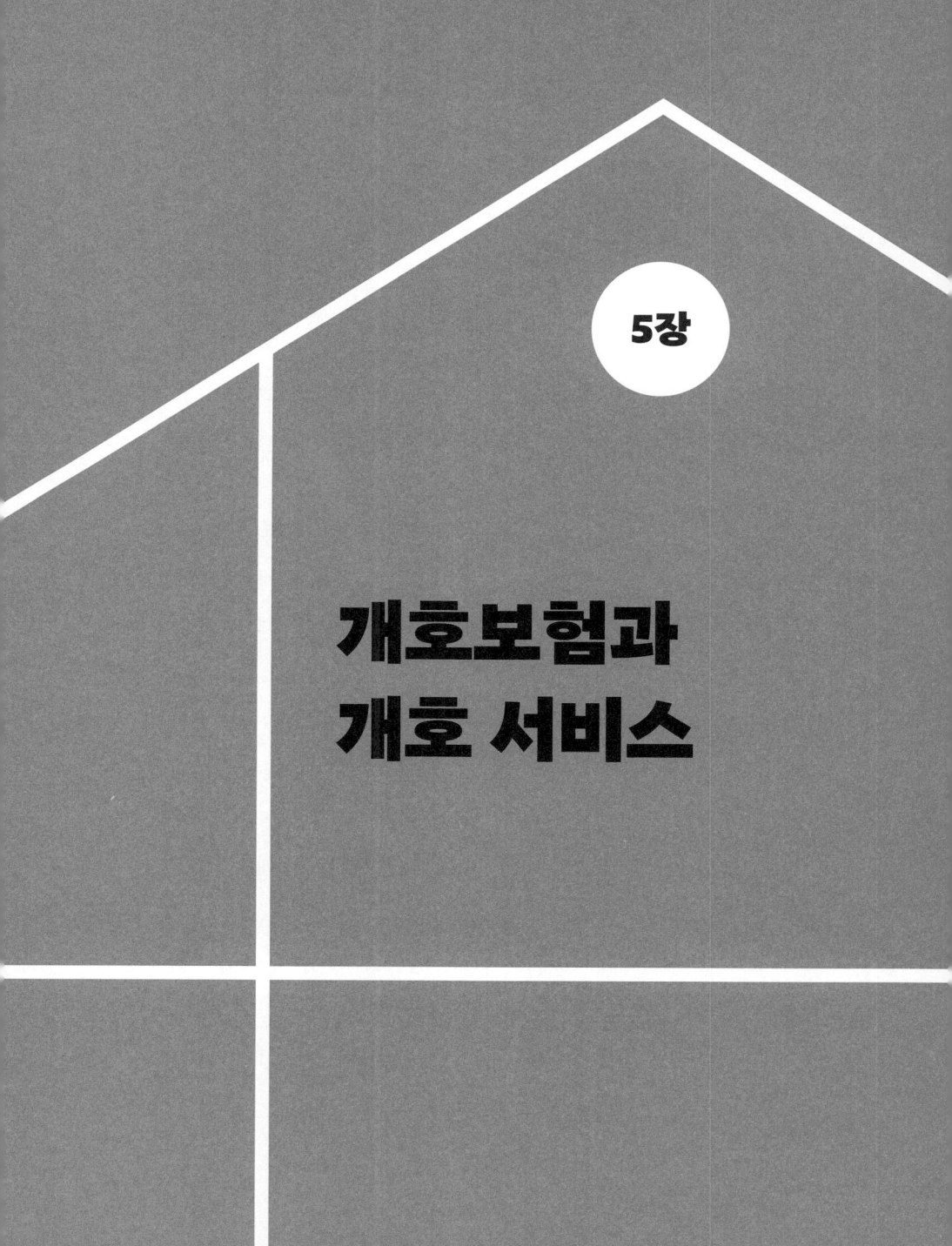

5장

개호보험과 개호 서비스

일본은 건강보험과 별도로 개호보험을 운영한다. 개호에 필요한 재정을 충당하기 위해 운영되는데 우리나라 노인장기요양보험에 해당한다.

일본의 개호보험 서비스는 크게 '개호급여'와 '예방급여'로 구분하며 개호급여는 요개호 대상자(1-5등급), 예방급여는 요지원 대상자(1-2등급)가 이용한다. 서비스 내용별로 거택 서비스(재가), 시설 서비스(입소), 지역 밀착형 서비스로 크게 구분한다. 그 외에도 보험자인 시정촌에 재량권이 있는 시정촌 특별급여, 지역지원사업 등이 있다. 개호보험 제도는 시구정촌이 시행 주체이며 '요개호 인정'을 통해 65세 이상의 요개호 고령자에게 필요한 재택 서비스와 시설 서비스 등을 제공하고, 요개호 인정을 받은 고령자는 개호 사업자를 선택하여 개호 서비스를 이용한다.[1,2]

개호보험이 제공하는 서비스 내용은 법으로 규정한다. 개호보험 서비스 유형으로는 ① 거택개호 서비스(12종) ② 시설 서비스(4종) ③ 지역 밀착형 서비스(9종) ④ 거택개호 지원(일명 '케어 매니지먼트') 등이다.

1. 허종호「초고령사회 대비 지역사회 의료-간호-돌봄 체계 강화를 위한 방안 : 일본의 '개호보험 지역밀착 서비스'를 중심으로」『국회미래의제』23-04호 국회미래연구원 2023.9.30
2. 조용운「한일 장기요양 서비스 공급체계 비교 및 보험회사 진출 사례」이슈보고서 2021-21, 보험연구원

[표 23] 일본 개호보험 서비스 현황[2] (단위: 개소)

구분	서비스 종류	2017	2018	2019
개호예방 서비스 사업소	개호예방 방문목욕개호	1,865	1,715	1,626
	개호예방 방문간호 스테이션	10,133	10,654	11,301
	개호예방 통원재활	7,837	8,062	8,226
	개호예방 단기입소 생활개호	10,729	10,906	11,037
	개호예방 단기입소 요양개호	5,223	5,182	5,101
	개호예방 특정시설 입주자 생활개호	4,657	4,816	4,917
	개호예방 복지용구 대여	7,948	7,773	7,549
	특정개호예방 복지용구 판매	8,043	7,830	7,597
	소계	56,435	56,938	57,354
지역밀착형 개호예방 서비스 사업소	개호예방 치매대응형 통원개호	3,849	3,754	3,664
	개호예방 소규모 다기능형 재택개호	4,842	4,972	5,017
	개호예방 치매대응형 공동생활개호	12,952	13,251	13,384
	소계	21,643	21,977	22,065
개호예방 지원사업소(지역포괄지원센터)		5,020	5,147	5,199
재택 서비스 사업소	방문개호	35,311	35,111	34,825
	방문목욕개호	1,993	1,885	1,790
	방문간호 스테이션	10,305	10,884	11,580
	통원개호(데이 서비스)	23,597	23,861	24,035
	통원재활(데이케어)	7,915	8,142	8,318
	단기입소 생활개호	11,205	11,434	11,566
	단기입소 요양개호	5,359	5,316	5,230
	특정시설 입소자 생활개호	5,010	5,198	5,328
	복지용구 대여	8,012	7,866	7,651
	특정 복지용구 판매	8,072	7,862	7,630
	소계	116,779	117,559	117,953

자료: 후생노동성

이 중 거택개호 및 시설 서비스는 도도부현 등에서 지정 및 감독하는 서비스들로 전국 일률적인 기준으로 서비스가 제공되고, 지역 밀착형 서비스와 거택개호 지원은 시정촌에서 지정 및 감독하는 서비스들로 지역의 사정에 맞게 차별화된 서비스가 제공된다. 요지원 대상자는 시설 서비스 대상이 아니며, 재가 서비스와 지역 밀착형 서비스에서도 이용 가능한 서비스 종류가 제한된다.[3]

거택개호 서비스

거택개호 서비스는 ① 방문 서비스(5종) ② 통소 서비스(2종) ③ 단기입소 서비스(2종) ④ 특정 시설 입거자 생활개호 ⑤ 복지 용구 대여 ⑥ 특정 복지 용구 판매로 분류된다.

거택개호 서비스 중 방문개호 및 방문목욕, 통소개호, 단기입소 요양개호 등은 한국에도 유사한 서비스가 존재하나, 방문재활, 재택요양 관리지도, 통소재활, 단기입소 생활개호, 특정시설 입소자 생활개호 등은 한국에 없는 서비스들이다.

거택개호 서비스를 제공하는 사업소는 도도부현이 지정하는데, 사업소 개설 주체는 의료법인, 사회복지법인, 지역 공공기관 등으로 다양하며 서비스마다 가능한 주체도 상이하다. 다만 요지원자들을 위한 방문개호와 통소개호 서비스를 제공하는 사업소는 시정촌이 지정하고, 지역 내 다양한 자원을 활용하자는 취지에서 의료법인, 사회복지법인, 지역 공공기관 외에 비영리 단체, 주식회사 등도 개설 주체가 될

---

3. 이민영「한국과 일본의 노인 대상 지역사회 재활 서비스 비교 연구 : 노인장기요양보험 제도를 중심으로」*Phys Ther Korea*, 2022 ; 29(2) : 94-105

수 있도록 규정하였다.[4]

통소개호

통소개호란 서비스 센터에 다니면서, 입욕, 배설, 식사 등의 돌봄, 그 외 일상생활상의 돌봄과 기능훈련을 수행하는 것으로, '데이 서비스'라고 한다. 인력 기준 중 1명 이상의 기능훈련지도원이 포함된다. 이용자 수에 따라 지역 밀착형(18명 이하), 통상규모형(월 300명 초과 750명 이하), 대규모I형(월 750명 초과 900명 이내), 대규모II형(월 900명 이상)으로 구분하고, 정원이 적을수록 높은 기본 서비스비가 산정된다. 치매가 있는 요개호자 및 요지원자를 위해서는 지역 밀착형 서비스 유형 중 '인지대응형 통소개호'가 별도로 존재한다. 하루 서비스 제공 시간은 '3시간 이상 4시간 미만'부터 '8시간 이상 9시간 미만'까지 1시간 단위로 세분한다.[5]

단기입소 요양개호

단기입소 요양개호란 '개호노인보건시설, 개호요양원, 병원 및 진료소, 개호요양형 의료시설 등의 시설에 단기간 입소하여 의학적 관리 하에 돌봄 및 기능훈련, 의료조치 및 일상생활상의 돌봄을 실시하는 것'으로, 일반적으로 단기입소 생활개호 서비스를 이용하는 경우보다 심신 상태가 중증이고, 의료 요구도가 높은 경우에 이용하는 시설이다. 개호 수가로 인정되는 것은 최장 연속 30일까지고, 31일째부터는

---

4. 이민영 「한국과 일본의 노인 대상 지역사회 재활 서비스 비교 연구 : 노인장기요양보험 제도를 중심으로」 *Phys Ther Korea*, 2022 ; 29(2) : 94-105
5. 이민영, 「한국과 일본의 노인 대상 지역사회 재활 서비스 비교 연구: 노인장기요양보험 제도를 중심으로」, *Phys Ther Korea*, 2022;29(2):94-105

전액 자비 부담이다.[6]

단기입소 생활개호

단기입소 생활개호는 '쇼트 스테이Short stay'라고 불리는데 '노인 단기 입소시설, 특별양호노인홈 등에 단기간 입소하여 입욕, 배설, 식사 등의 돌봄, 그 외 일상생활상의 돌봄과 기능훈련을 수행하는 것'이다.[7]

단기입소는 특별양호노인홈, 일부 유료 노인홈, 쇼트 스테이 전문시설 세 군데에서 이용 가능하며 이용료 일부는 개호보험이 적용된다. 개호 수가로 인정되는 것은 최장 연속 30일까지고, 31일째부터는 전액 자비로 부담한다. 유료 노인홈에서는 보험 적용 외의 모든 비용을 본인이 부담하면 이용할 수 있는 단기 숙박 서비스도 있다. 전액 자기 부담은 1일 5천-2만 엔 사이다.[8]

고령화가 진행되면서 단기입소 서비스에 대한 수요가 늘었다. 보호자 입장에서는 아무래도 간병 중 며칠 집을 비워야 할 때 유용한 서비스다. 혹은 잠시 간병에서 벗어날 필요가 있을 때 이 서비스를 찾는다. 개호를 받는 당사자의 입장에서는 다른 시설 입주를 앞두고 있거나 시설 이동을 고려할 때 잠시 머무르기 위해 많이 이용한다. 혹은 병원에서 퇴원한 뒤 일정 기간 간호가 필요할 때에도 유용하다. 개호시설에 아직 입주해 본 경험이 없는 사람이 시설 생활에 미리 적응하거나 시설을 체험해보기 위해 이용하기도 한다.[9]

---

6. 이민영, 「한국과 일본의 노인 대상 지역사회 재활 서비스 비교 연구: 노인장기요양보험 제도를 중심으로」, *Phys Ther Korea*, 2022;29(2):94-105
7. 이민영 「한국과 일본의 노인 대상 지역사회 재활 서비스 비교 연구 : 노인장기요양보험 제도를 중심으로」 *Phys Ther Korea*, 2022 ; 29(2) : 94-105
8. 이연지 「일 독거노인 증가에…요양시설 단기 체험 상품 인기」 『브라보마이라이프』 2022.9.6
9. 이연지 「일 독거노인 증가에…요양시설 단기 체험 상품 인기」 『브라보마이라이프』 2022.9.6

특정 시설 입거자 생활개호

특정 시설 입거자 생활개호란 '특정 시설에 입주한 요개호자(혹은 요지원자)에 대해서 당해 특정 시설이 제공하는 서비스 내용, 그 서비스 제공을 담당하는 자, 그 외 후생노동성령이 정하는 사항에 따른 계획에 근거하여 입욕, 배설, 식사 등의 돌봄, 그 외 일상생활 과정의 돌봄, 기능훈련 및 요양상의 돌봄을 수행하는 것'이다. '특정 시설'이란 유료 노인홈, 요양 노인홈, 경비 노인홈 등 후생노동성령으로 정하는 시설이다.[10]

시설 서비스

개호보험 시설 서비스에는 네 가지 유형이 있는데 개호노인복지시설, 개호노인보건시설, 개호의료원, 개호노인요양형의료시설을 일컫는다. 앞의 세 시설은 따로 「개호보험법」 3시설로 부르기도 한다. 개호노인보건시설과 개호의료원은 우리나라에는 없는 시설이다. 시설 서비스를 이용하려면 「개호보험법」상 등급 판정을 받아야 한다.

일본은 의료비, 개호비 증가를 완화하기 위해 입원과 입소를 줄일 목적으로 병상 수 조정, 시설 입소기준 명문화(2015년, 요개호 3등급 이상 입소) 등의 제도를 추진하였다. 물론 개호보험 시설은 공공성이 확보된 주체(국가 및 지방자치단체, 사회복지법인)만이 운영할 수 있도록 한 규정을 유지한다.[11]

---

10. 이민영 「한국과 일본의 노인 대상 지역사회 재활 서비스 비교 연구 : 노인장기요양보험 제도를 중심으로」 Phys Ther Korea, 2022 ; 29(2) : 94-105
11. 유애정 「일본의 노인 주거정책과 서비스 제공형 고령자 주택」 『국토』 2022 November vol.49

[표 24] 일본 개호보험 시설 서비스의 현황[12] (단위: 개소)

종류	2017	2018	2019
개호노인복지시설	7,891	8,097	8,234
개호보인보건시설	4,322	4,335	4,337
개호의료원	-	62	245
개호요양형의료시설	1,196	1,026	833
계	13,409	13,520	13,649

자료: 노동후생성

개호노인복지시설

개호노인복지시설은 흔히 '특별양호노인홈'이라고도 부르는데 한국의 노인요양시설에 해당된다. 일본의 요양원인 셈이다. 개호노인복지시설은 요개호3 이상을 대상으로 한다.[13]

개호노인복지시설은 '시설 서비스 계획에 근거해, 입욕, 배설, 식사 등의 돌봄, 그 외의 일상생활상의 돌봄, 기능훈련, 건강 관리 및 요양상의 돌봄을 수행하는 시설'이다. 중증의 돌봄이 필요한 노인이 입소하는 시설로 주로 일상생활을 위한 돌봄 서비스가 제공되며 통상 생의 마지막까지 이곳에서 보내게 된다. 의학적 관리의 필요성은 상대적으로 낮지만, 장기간에 걸친 돌봄이 필요한 노인은 여기에 입소한다.

직원 규정에서 의사는 별도 규정 없이 필요 수로 하며, 간호 직원

---

12. 조용운 「한일 장기요양 서비스 공급체계 비교 및 보험회사 진출 사례」 이슈보고서 2021-21, 보험연구원
13. 이민영 「한국과 일본의 노인 대상 지역사회 재활 서비스 비교 연구 : 노인장기요양보험 제도를 중심으로」 *Phys Ther Korea*, 2022 ; 29(2) : 94-105

및 돌봄 직원은 입소자 3명당 1명, 생활상담원, 기능훈련사, 케어매니저, 영양사를 각 1명 이상 두도록 규정하고 있다. 돌봄 서비스를 주로 제공한다는 특성상 타 시설과 비교해 의료인력 규정은 느슨한 반면 돌봄 직원 규정은 엄격하다. 개인 공간면적은 10.65m^2로 넓다.[14] 이 시설에서는 의사 지시 아래 간호사는 거의 모든 의료행위가 가능하며, 개호복지사는 의료인은 아니지만 1,800시간의 교육을 받은 후 경관 영양, 기도흡인 등 간단한 의료행위를 수행할 수 있도록 제도화되었다.[15]

2012년 이후 지역포괄케어의 영향으로 재택 복귀를 위한 재활 및 의료 기능을 강화하여 재택 복귀 상황과 병상 전환율을 지표로 개호보수 체계를 차별화하였다. 즉 시설 유형을 재택 복귀 초강화형 시설(초강화형), 재택 복귀 강화형 시설(강화형), 재택 복귀 및 재택요양 지원 기능 가산 산정시설(가산형), 그 외 시설(종래형)로 구분하고 초강화형에 가장 높은 수가를 산정한다.[16]

개호노인보건시설

개호노인보건시설은 병원에서 급성기 치료 후에 자택 복귀를 위한 목적으로 재활 서비스가 제공되는 시설이며, 통상 3개월 단위로 재택 복귀에 대한 판단이 내려진다. 입소 정원 100명당 의사 1명, 간호사 9명, 돌봄 직원 25명, 물리치료사, 작업치료사 또는 언어치료사 1명 등

---

14. 이선영 「일본의 의료 및 돌봄 병상 기능 조정을 위한 정책 동향과 시사점 : 개호의료원을 중심으로」 『한국웰니스학회지』 2022 ; 17(1) : 61-67
15. 김은정 「주요국 노인요양시설의 의료 서비스 제공 정책」 『외국 입법·정책 분석』 제43호, 국회입법조사처, 2023. 11. 20
16. 이민영 「한국과 일본의 노인 대상 지역사회 재활 서비스 비교 연구 : 노인장기요양보험 제도를 중심으로」 Phys Ther Korea, 2022 ; 29(2) : 94-105

개호노인보건시설 요도노사토 2층에서 운영하는 데이케어센터

을 명시하였다. 재활치료를 주목적으로 하는 시설이라는 특성상 물리치료사, 작업치료사, 언어치료사의 세 전문직 배치를 명시하고 있다. 개인 공간면적은 8.0m^2로 개호의료원과 유사하다.[17]

요도노사토よどの里는 공익재단법인 요도가와 근로자후생협회에서 운영하는 개호노인보건시설이다. 4층 건물의 1층에는 법인에서 운영하는 클리닉이 있고, 2-4층은 개호노인보건시설이다. 2층은 통소시설로 재활 서비스를 제공하는 데어케어센터이며 3-4층은 입소시설이다. 방문재활 사업도 병행한다. 하나의 시설에서 입소, 통소, 방문재활 세 가지를 모두 수행한다.

17. 이선영, 「일본의 의료 및 돌봄 병상 기능 조정을 위한 정책 동향과 시사점: 개호의료원을 중심으로」, 『한국웰니스학회지』 2022;17(1):61-67

개호노인요양형의료시설

개호노인요양형의료시설은 「개호보험법」이 적용되는 의료시설로 우리나라의 요양병원과 비슷하다. 다만 우리나라 요양병원은 장기요양보험 적용이 되지 않는다. 만성질환 관리를 위한 일상적인 의료행위(예, 경관 시기, 객담 흡인, 암 통증 치료 등)와 장기요양이 동시에 필요한 노인들이 생활하는 시설이다.

개호의료원

개호의료원은 '주로 장기요양이 필요한 자에 대하여 시설 서비스 계획에 근거하여 요양상의 관리, 간호, 의학적 관리 하에서 돌봄 및 기능훈련, 기타 필요한 의료 및 일상생활상의 돌봄을 수행하는 시설'이다. 초고령 인구 증가에 따라 요양 생활이 장기화하고, 동시에 의료 및 돌봄에 대한 요구가 증가함에 따라 주거 기능 강화와 동시에 의료와 간호를 필요로 하는 상황에 부응하고자 2017년 「개호보험법」 개정으로 신설된 제도다.[18] 개호의료원이 도입됨에 따라 의학적 관리 필요가 높으면 의료 요양 병상에, 그렇지 않으면 의료 요구 수준에 따라 개호의료원 I 형[19], 개호의료원 II 형 또는 개호노인보건시설, 개호노인복지시설 순으로 이용 가능해졌다.

시설 유형에 따른 증상 구분이 향후 명확해질 것으로 보인다. 그럼에도 불구하고 개호의료원 II 형과 개호노인보건시설의 기능 중첩이 여전히 문제로 남아 향후 정리가 필요해 보인다.[20]

---

18. 이민영 「한국과 일본의 노인 대상 지역사회 재활서비스 비교 연구 : 노인장기요양보험 제도를 중심으로」 Phys Ther Korea 2022 ; 29(2) : 94-105
19. 개호의료원은 개호 요양 병상(요양기능 강화형)에 해당하는 서비스를 제공하는 I 형과, 노인보건시설에 해당하는 서비스를 제공하는 II 형으로 구분
20. 이선영 「일본의 의료 및 돌봄 병상 기능 조정을 위한 정책 동향과 시사점 : 개호의료원을 중심으로」

[표 25] 일본 개호보험시설의 시설당 정원 및 이용률[21]　　　　　　(단위: 명, %)

종류	2018년		2019년	
	정원	이용률	정원	이용률
개호노인복지시설	69.1	95.8	69.3	95.6
개호보인보건시설	86.2	89.2	86.4	89.2
개호의료원	74.0	91.0	65.0	94.7
개호요양형의료시설	43.4	90.0	41.1	88.3

주: 이용률은 정원 대비 입소자 비율임, 개호요양형의료시설 '정원'은 개호 지정 병상 수임
자료 : 후생노동성

지역 밀착형 서비스

　　지역 밀착형 서비스들은 치매 환자나 중증 요개호자가 시설에 입소하지 않고 자신이 살던 지역에 거주하면서 돌봄을 받을 수 있도록 지원하기 위한 것이다. 시정촌이 관리 감독하며 지역마다 서비스 내용에 차이가 있다. 지역 밀착형 서비스는 자택 혹은 소규모 시설에 거주하는 요개호자 혹은 요지원자를 대상으로 유사시나 야간에 짧은 시간 여러 차례 방문하여 방문요양, 방문간호 또는 이 둘을 통합한 서비스를 제공한다든가, 한 시설에서 통소, 방문, 입소 등의 서비스를 통합적으로 제공하는 등 지역의 상황에 맞게 소규모로 운영한다는 특징이 있다. 우리나라에서는 장기요양보험 제도 하에 지역 밀착형 서비스들을 별도로 규정하지 않는다.[22]

『한국웰니스학회지』 2022;17(1):61-67
21. 조용운, 「한일 장기 요양 서비스 공급체계 비교 및 보험회사 진출 사례」, 이슈보고서 2021-21, 보험연구원
22. 이민영, 「한국과 일본의 노인 대상 지역사회 재활 서비스 비교 연구:노인장기요양보험 제도를 중심으

지역 밀착형 서비스는 2005년 개호보험 개정을 통해 ① 소규모 다기능형 거택개호 ② 인지증 대응형 공동생활개호 ③ 인지증 대응형 통소개호 ④ 지역 밀착형 개호노인복지시설 입소자 생활개호 ⑤ 지역 밀착형 특정 시설 입소자 생활개호 ⑥ 야간 대응형 방문개호 등 여섯 종류의 서비스가 도입됐다. 이후 ⑦ 정기순회·수시대응형 방문개호간호 ⑧ 복합형 서비스 ⑨ 지역 밀착형 통소개호 등이 추가되어 총 9종류로 구성되며, 지역포괄케어 실현을 위한 중추적인 역할을 담당할 것으로 기대하는 서비스 유형이다.[23]

지역 밀착형 서비스의 특징은 돌봄이 필요한 노인의 지역사회 생활을 24시간 지원한다는 관점에서 일상생활권 범위(인구 1-2만 명 단위의 권역) 내에 서비스 제공 거점을 확보한다는 점이다. 보험자인 시정촌이 사업자 지정과 지도 감독에 대한 권한을 가지며, 각 시정촌은 지역 특성에 맞는 서비스 기반을 탄력적으로 정비한다. 또한 서비스 수가도 국가가 정한 상한을 기준으로 자율적으로 정한다. 원칙적으로 해당 지자체에 거주하는 주민만이 이용할 수 있다. 서비스 이용은 다른 거택개호 서비스와 달리 요양등급에 따라 이용 횟수에 상관없이 월 정액제로 운영된다.[24]

[표 26]에서 지역 밀착형 9개 서비스 중 2017년에서 2021년 기간 가장 많이 증가한 사업 유형은 복합형 서비스(간호 소규모 다기능형 거택개호), 다음은 정기순회·수시대응형 방문간호개호로 간호가 포함된 서비스의 요구가 급증하였다.[25]

로」『Phys Ther Korea』 2022;29(2):94-105
23. 오세웅 「일본, 지역 밀착형 서비스로 돌봄 지원」『복지타임즈』 2020.8.27
24. 오세웅 「일본, 지역 밀착형 서비스로 돌봄 지원」『복지타임즈』 2020.8.27
25. 허종호 「초고령사회 대비 지역사회 의료-간호-돌봄 체계 강화를 위한 방안 : 일본의 '개호보험 지역

[표 26] 지역 밀착형 서비스 유형별 사업소 증감 현황(2017-2021년)[26] (단위: 개소, %)

	2017	2018	2019	2020	2021	증가 수 (5년)	연평균 증가율(%)
정기순회·수시대응형 방문간호개호	861	975	1,020	1,099	1,178	317	8.14
야간 대응형 방문개호	217	221	228	220	221	4	0.45
지역 밀착형 통소개호	20,492	19,963	19,858	19,667	19,578	-914	-1.15
인지증 대응형 통소개호	4,146	4,065	3,973	3,868	3,753	-393	-2.47
소규모 다기능 거택개호	5,342	5,469	5,502	5,556	5,614	272	1.25
인지증 대응형 공동 생활개호	13,346	13,618	13,760	13,977	14,085	739	1.34
지역 밀착형 특정시설 입소자 생활개호	320	328	352	354	365	45	3.35
복합형 서비스(간호 소규모 다기능형 거택개호)	390	512	588	711	817	427	20.30
지역 밀착형 개호노인복지시설	2,158	2,314	2,359	2,413	2,474	316	3.47

출처: 일본 후생노동성, 개호 서비스 시설 및 시설 조사

소규모 다기능형 거택개호

소규모 다기능형 거택개호는 2005년 개호보험 개정[27]에 의해 지역 밀착형 서비스의 하나로 제도화되었다. 일부 지역에서 치매 노인 등을 대상으로 민가 등을 활용해 주간보호, 재가방문, 단기입소를 독자적으로 실시하던 실천 모델을 채용한 것이다. 이 서비스는 주간보호 서비

밀착 서비스'를 중심으로」, 『국회미래의제』 23-04호 국회미래연구원 2023.9.30
26. 허종호 「초고령사회 대비 지역사회 의료-간호-돌봄 체계 강화를 위한 방안 : 일본의 '개호보험 지역 밀착 서비스'를 중심으로」, 『국회미래의제』 23-04호 국회미래연구원 2023.9.30
27. 개호보험은 2005년, 2011년, 2015년에 걸쳐 큰 개정이 이루어짐. 개정의 큰 방향은 초고령사회에서 고령자로 살며 익숙해진 지역에서의 생활을 지탱하는 지역포괄케어의 추진이라고 할 수 있음

스를 중심으로 이용자의 상태와 욕구에 맞추어 재가방문과 단기입소를 동일 시설, 동일 직원으로부터 제공받기 때문에 치매 노인 등이 겪는 환경변화에 대한 부적응을 예방하거나 완화할 수 있다는 게 큰 장점이다.[28]

이 서비스는 지역포괄지원센터와 함께 일본 개호보험 개혁의 핵심 축을 이룬다. 일본 정부는 대략 30분 이내에 필요한 서비스를 제공할 수 있는 환경을 만드는 것을 목표로 삼고, 지역포괄지원센터를 배치하여 지역 내 조정자의 역할을 맡기며, 소규모 다기능형 거택보호 사업소가 중심 역할을 하도록 배치하였다.[29]

'소규모'란 특별 노인 요양홈 등의 대규모 시설과 대비한 표현이다. 시설당 등록 정원은 29명 이하이고, 입소 정원 9명, 주간 보호 15명 등 서비스에 따라 1일 이용 정원이 정해진다. '다기능'이란 통소(통소개호, 데이 서비스), 방문(방문개호), 숙박(단기 입소 생활개호, 쇼트 스테이)의 3가지 서비스를 조합하여 24시간 365일 이용할 수 있는 것을 의미한다. 즉 통소, 방문, 숙박의 서비스를 이용자의 생활이나 필요에 따라서 유연하게 조합하여 24시간 365일 정든 지역에서의 재택생활을 지원하는 것이다.[30]

소규모 다기능형 거택개호 서비스는 자택과 센터 거리가 5km 이내로, 이용자가 사는 지역에서 멀지 않은 곳에서 서비스를 받을 수 있도록 설계되었다. 시설에는 케어매니저가 배치돼 이용자의 케어 플랜 작

---

28. 오세웅, 「일본, 지역 밀착형 서비스로 돌봄 지원」, 『복지타임즈』, 2020.8.27
29. 석재은 외, 「일본의 소규모 다기능형 거택개호 사업소 사례 연구와 시사점」, 『노인복지연구』, 2017년 12월 [제72권 4호] 한국노인복지학회
30. 석재은 외, 「일본의 소규모 다기능형 거택개호 사업소 사례 연구와 시사점」, 『노인복지연구』, 2017년 12월 [제72권 4호] 한국노인복지학회

성 및 서비스 제공 등 생활 전반에 대한 지원 업무를 담당한다.

2011년 개정에는 소규모 다기능형 거택개호와 방문간호를 결합시킨 복합형 서비스를 신설하여 일상지원과 함께 의료 요구를 지닌 이용자에 대응하도록 하였다. 2015년 개호보험 개정은 지역포괄케어 시스템의 구축, 공평한 비용부담, 의료와 개호의 연계 추진 및 충실이라는 목표에 맞춰 이루어졌다. 이 맥락에서 소규모 다기능형 거택개호 서비스는 그 역할에 대한 기대가 더욱 높아졌다.[31]

일본의 소규모 다기능 거택개호 서비스는 지역 밀착형 소규모 회원제 포괄 정액 수가로 운영되며, 이용자 요구에 따라 통소, 방문, 숙박을 조합한 개별 맞춤 통합 서비스를 제공한다. 이용 요금은 서비스 종류나 이용 횟수에 관계없이 월 단위 정액제로 10% 본인 부담 기준으로 개호 등급에 따라 약 1만 3천 엔 ~ 2만 7천 엔 정도다. 상황에 따라 가산이나 실비 부담이 있으나 기본요금이 정해져 있으므로 지출금액 예측이 가능하다. 기본적인 인력 기준은, 낮에는 이용자 3명에 대해 직원 1명, 방문 대응은 1명이다.

그러나 제도 도입 10년이 지났음에도 소규모 다기능 거택개호 서비스가 일본 개호보험에서 차지하는 비중은 미미하다. 소규모이면서 기존 재가 서비스를 통합한 이 방식은 독특하다. 일본은 지역포괄케어 시스템의 핵심 사업으로 이 서비스에 커다란 기대를 가지고 도입하였으나, 실제 이 서비스의 확산 속도는 더디며. 이용자 확보가 어려워 경영상태가 좋지 않은 편이다.[32]

---

31. 석재은 외 「일본의 소규모 다기능형 거택개호 사업소 사례 연구와 시사점」 『노인복지연구』 2017년 12월 [제72권 4호] 한국노인복지학회
32. 석재은 외 「일본의 소규모 다기능형 거택개호 사업소 사례 연구와 시사점」 『노인복지연구』, 2017년 12월 [제72권 4호] 한국노인복지학회

[표 27] 소규모 다기능형 거택개호 사업소 수[33] (단위: 개소, %)

연도	전국		동경도	
	사업소 수	전년 대비 증감율	사업소 수	전년 대비 증감율
2014년 6월			153	17.7
2013년	4,230	8.9	130	11.1
2012년	3,885	56.2	117	828
2011년	2,486		64	

자료: 전국의 사업소 수는 후생노동성 '개호보험시설 사업소 조사'를, 동경도의 사업소 수는 '동경복지네비게이션;에서 발췌하여 작성

    소규모 다기능형 거택개호는 일상생활 권역마다 1개소 이상 설치를 기대하였으나 실제 사업소 운영 현황을 보면 2011년, 2012년도의 증가율에 비해 그 이후는 보급이 늦은 편이다.

    소규모 다기능형 거택개호는 2018년 10월 기준 전국에 5,363개소로 2014년에 비해 1천 곳 이상이 증가하였다. 사업소당 이용자 수는 평균 17명이며 그중 약 45% 이상이 요개호3 이상의 중증 대상자다. 이용자의 약 1/3이 독거노인이며, 자택과 시설의 거리는 5km 이내가 80% 이상을 차지한다. 이처럼 중증 대상자 혹은 독거노인이라 할지라도 이 서비스를 이용하여 재가생활을 계속 유지한다. 대상자별 이용형태를 보면, 요개호도가 증가할수록 방문 및 주간 보호 서비스 이용이 줄어들고 단기입소가 증가하는 경향이다. 이는 중증자의 심신 기능 저하로 인해 방문이나 주간 보호 이용에 어려움이 있기 때문이다.[34]

    간호에 대한 요구가 증가하면서 소규모 다기능형 거택개호 서비스

---

33. 석재은 외 「일본의 소규모 다기능형 거택개호 사업소 사례 연구와 시사점」 『노인복지연구』 2017년 12월 [제72권 4호] 한국노인복지학회
34. 오세웅 「일본, 지역 밀착형 서비스로 돌봄 지원」 『복지타임즈』 2020.8.27

에 방문간호를 포함시켜 본격적으로 고령자들의 재택생활을 지원하기 위해 간호 소규모 다기능형 거택개호 서비스인 '복합형 서비스'를 신설하게 된다. 이런 맥락에서 소규모 다기능형 거택개호 서비스는 노인 요양 서비스 공급체계에서 매우 중요한 위상을 가진다. 사회적 비용을 절감하고 노인 당사자들이 낯선 시설에서 집단생활을 하지 않고도 자신들이 살던 집에서 존엄을 지키며 마지막까지 보낼 수 있다는 측면에서 이 서비스 모델은 충분한 사회적 의미를 가진다.[35]

서비스 시작 단계에서 가장 큰 문제는 이미 다른 서비스 제공 체계가 만들어진 현실에서 서비스 이용자를 확보하는 것이 어려웠다는 점이다. 기존 서비스 공급 체계가 그대로 운영되는 가운데, 소규모 다기능 거택개호 사업소가 여러 공급체계 중 하나로 신설되면서 기존 서비스 제공 체계를 변화시키는 커다란 파급 효과를 미치지 못하였다. 기존 서비스와 비슷한 또 하나의 서비스로 여겨졌고, 이용자 입장에서 선택 옵션이 하나 더 늘어난 것에 불과했다.

정기순회·수시 대응형 방문개호간호

정기순회·수시 대응형 방문개호간호는 2012년 도입되었다. 기존 방문개호에서는 1일 1회, 일정 시간 내 서비스 제공이 중심이지만, 주간 서비스에 추가로 야간, 이른 아침 등을 포함하여 하루 수차례, 정기적 또는 수시 순회하여 서비스를 제공해야 할 필요성이 대두되어 이 서비스를 신설하였다.[36]

---

35. 석재은 외 「일본의 소규모 다기능형 거택개호 사업소 사례 연구와 시사점」 『노인복지연구』 2017년 12월 [제72권 4호] 한국노인복지학회
36. 석재은 외 『장기요양 재가 서비스 개편 방안 연구』 한국노인복지학회 2016년 11월

이름 그대로 이용자의 자택을 정기적으로 순회하거나 수시로 방문하여 간호 및 개호 서비스를 주야간 24시간 체계로 제공하는 재가요양 서비스다. 케어플랜에 따라서 주야간 방문 서비스를 정해진 시간에 제공하는 한편, 콜센터 운영을 통해서 이용자의 호출이 있을 때마다 그에 상응하는 방문요양 및 방문간호 서비스를 제공한다.

정기순회·수시 대응형 방문개호간호에서 중요한 운영 기준 첫 번째는 서비스 계획이다. 이때 중요한 것은 하루에 여러 차례 방문함으로써 이용자의 심신 상황을 수시로 파악할 수 있어야 한다. 상황 변화에 따라 유연하게 대응하는 게 가능하다. 두 번째는 지역과의 연계다. 이에 따라 ① 개호, 의료연계 추진회의의 정기적 개최가 필요하다. 대략 3개월에 1회 이상 개최하며 운영 상황 등에 대해 보고 평가 의무화가 필요하고 ② 서비스에 대해 자체 평가하고 추진회의에 보고하며 결과를 의무적으로 공표하며 ③ 케어매니저 제도를 적극적으로 활용하는 게 필요하다. 세 번째는 다른 사업소와의 연계다. 지역 실정에 맞게 자원과 인재를 활용한다는 관점에서 사업소 간 연계를 적극적으로 모색해야 한다. 구체적으로는 ① 지역의 방문개호 사업소 또는 야간 대응형 방문개호 사업소에 대하여 정기순회·수시 대응 서비스 사업을 '일부 위탁'할 것과 ② 복수의 정기순회·수시대응 서비스 사업소 간 야간, 심야, 새벽의 수시 대응 서비스를 '집약'하는 게 필요하다. 이는 사업소 간 계약에 따라 시정촌장이 정하는 범위 내에서 실시한다.[37]

---

37. 석재은 외 『장기 요양 재가 서비스 개편 방안 연구』 한국노인복지학회 2016년 11월

[표 28] 정기순회·수시 대응형 방문개호간호의 인원과 설비 기준[38]

직종		자격 등	필요한 인원 수 등
방문 개호원 등	정기순회 서비스를 하는 방문개호원 등	개호복지사, 실무자 연수 수료자, 개호직원 기초연수, 방문개호원 1급, 방문개호원 2급	- 교통 사정, 방문 빈도 등을 감안하여 적절하게 정기순회 서비스를 제공하기 위해 필요한 수 이상
	수시방문 서비스를 하는 방문개호원 등		- 상시, 오직 수시 방문 서비스의 제공에 해당하는 방문개호원 1명 이상 확보되기 위한 필요 수(이용자의 처우에 지장이 없는 경우, 정기순회 서비스에 종사하는 것도 가능) - 야간, 심야, 새벽 시간대에 대해서는 오퍼레이터가 수시 방문 서비스를 하는 방문개호원 등을 겸임 가능
방문 간호	이 중 1명 이상은 상근의 보건사 또는 간호사로 정한다	보건사, 간호사, 준간호사, 물리치료사, 작업치료사, 운동치료사	- 2.5 이상(병설 방문간호 사업소와 합산 가능) - 상시 대응 가능한 체제를 확보
오퍼 레이터		간호사, 개호복지사 등 중 상근 1명 이상 + 3년 이상 방문개호 서비스 제공 책임자로 종사한 자	- 이용자의 처우에 지장이 없는 범위에서 해당 사업소의 타 직종, 동일 부지 및 도로를 사이에 두고 다른 사업소/시설 등(특양/노건 등의 야근 직원, 방문개호의 서비스 제공 책임자, 야간 대응형 방문개호의 오퍼레이터)과의 겸임 가능
상기 종사자 중 1인 이상을 계획 작성 책임자로 한다		간호사, 개호복지사 중 1명 이상	-
관리자		-	- 근로/종사자(해당 사업소의 직무와 병설 사업소의 관리자 등과의 겸임 인정)

자료: 사회보장심의회, 2014.10

서비스 이용은 월정액으로 운영되고 요금(10% 본인 부담 기준)은 등급에 따라서 약 8천-3만 엔 정도다. 운영현황을 보면 시설 당 이용자 수는 평균 22명이고 절반 이상이 요개호3 이상의 중증 대상자다.[39]

정기순회 · 수시대응형 방문간호개호는 전국에 861개(2017년 10월 기준) 사업소가 운영 중인데, 이는 전체 기초지자체 중 40% 이상이 서비스가 도입되지 않았음을 의미한다. 2012년 도입 이후 꾸준히 증가하였지만 아직은 지역별 편차가 크다. 이처럼 확산이 더딘 이유는 지자

---

38. 석재은 외 『장기 요양 재가 서비스 개편 방안 연구』 한국노인복지학회 2016년 11월
39. 오세웅 「일본, 지역 밀착형 서비스로 돌봄 지원」 『복지타임즈』 2020.8.27

체에서 위탁 공모를 하더라도 인력 확보의 어려움과 더불어 다른 재가 서비스와 비교해 경영모델 확립이 어렵다는 이유로 지원하는 사업자가 적기 때문으로 보인다. 이 서비스는 확산이 더디지만, 독거노인 및 중증 대상자가 안심하고 생활할 수 있도록 24시간 케어를 제공하는 중요한 서비스로 평가된다. 보다 안정적인 운영과 초기 적자 보전 등 운영에 대한 지원이 제공된다면 지역포괄케어 시스템의 중요한 재가 요양기관으로 발돋움할 것으로 기대된다.[40]

[표 29] 지역 밀착형 서비스 유형별 이용자 1인당 평균 이용 횟수

	2020	2021
정기순회·수시대응형 방문간호개호	96.7	94.2
야간 대응형 방문개호	7.8	11.0
지역 밀착형 통소개호	8.1	8.2
인지증 대응형 통소개호	10.0	10.0
소규모 다기능 거택개호	37.1	37.3
복형서비스(간호 소규모 다기능형 거택개호)	42.9	44.1

출처: 일본 후생노동성, 2023

거택개호 지원

이 서비스는 케어 매니지먼트라고도 부른다. 거택개호 지원은 요개호자에게 케어 매니지먼트를 지원하기 위한 서비스들로 이들 서비스를 제공하는 사업소에는 케어매니저들이 상주하면서 케어플랜 작

---

40. 오세웅 「일본, 지역 밀착형 서비스로 돌봄 지원」 『복지타임즈』 2020.8.27

성, 개호상담, 필요한 서비스 사업소와 연락과 조정, 개호보험 신청 등의 업무를 수행한다. 요지원자에게 제공하는 케어 매니지먼트는 개호예방 지원이라 하고, 이를 제공하는 사업소는 지역포괄지원센터가 된다. 우리나라에서는 등급 인정자에 대한 케어 매니지먼트를 별도로 규정하지 않는다.[41]

---

41. 이민영「한국과 일본의 노인 대상 지역사회 재활서비스 비교 연구 : 노인장기요양보험 제도를 중심으로」『Phys Ther Korea』2022 ; 29(2) : 94-105

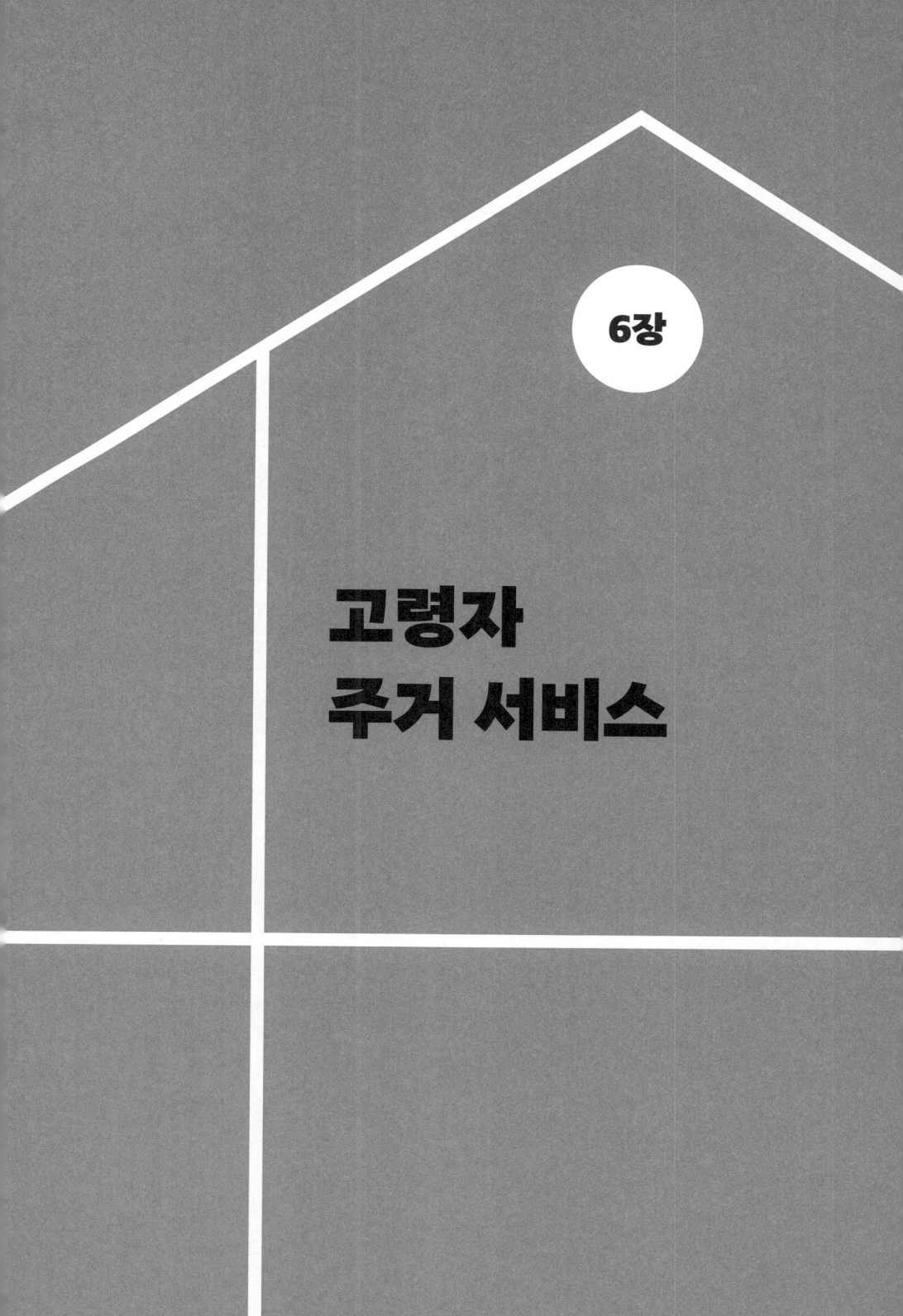

돌봄에서 주거는 중요한 분야 중 하나다. 특히 고령자에게 주거는 삶의 질을 결정하는 요인이다. 나이가 들면서 저하되는 인지와 신체 기능이 주거 방식의 전환을 요구한다. 단순히 거주하는 공간만으로는 부족하고 돌봄과 의료가 통합되기를 요구한다.

일본 정부는 2001년에 「노인의 주거안전 확보에 관한 법률」(이하 「노인주거법」)을 제정하면서 노인의 지역사회 지속 거주를 지원하기 위한 정책을 추진하였다. 이를 기반으로 노인이 필요로 하는 다양한 주거복지 서비스를 제공한다. 일본에서 고령자 주거 방식은 계속 발전하는 중이다.

고령자 거주용 서비스

일본의 노인 주거 유형은 [그림 3]에서 볼 수 있듯이 다양하게 분화되었다. 개호시설 중에서 개호노인보건시설, 개호요양형의료시설, 개호의료원 등은 의료적 기능에 더 초점이 맞춰져 거주가 목적인 다른 시설과는 다르다. 개호노인복지시설은 특별양호노인홈이라 부르며 장기 거주를 목적으로 한다.

[그림 3] 일본의 노인 주거 유형 체계도[1]

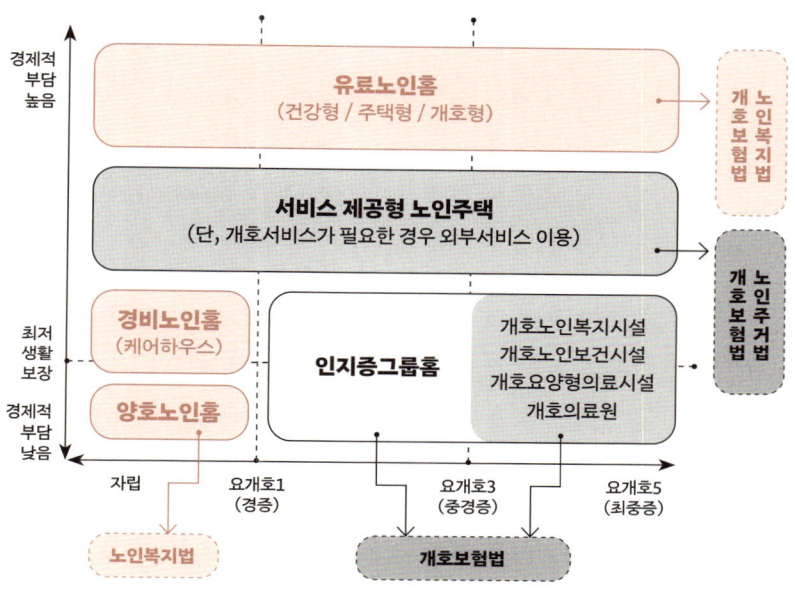

그림에서 의료 기능이 핵심인 세 가지 시설을 빼고 나면 거주가 주요 목적인 서비스는 ① 특별양호노인홈(개호노인복지시설) ② 양호노인홈 ③ 경비(輕費, 저비용)노인홈(케어 하우스) ④ 유료 노인홈 ⑤ 서비스 포함 고령자용 주택 ⑥ 인지증그룹홈(고령자 그룹 홈) 등 여섯 가지다.[2]

각 주거유형은 「노인복지법」, 「노인주거법」, 「개호보험법」의 법적 기준을 기초로 시설 및 인력 기준에 맞춰 운영된다. 이처럼 노인 주거유

---

1. 유애정 「일본의 노인 주거정책과 서비스 제공형 고령자 주택」 『국토』 2022 November vol.49
2. 무토 마사키 『커뮤니티 케어 : 일본의 의료와 개호』 남은우, 정승용, 김소형, 신정우 옮김, 계축문화사, 2018

형이 다양해진 건 제도 변화 과정에서 입소 시설 이용에 초점을 맞춘 것이 아니라 지역사회 생활 지원을 위한 주거 인프라 구축에 역점을 두었기 때문이다.[3]

취약 노인을 위한 주거로 중증 노인을 위한 요양시설인 특별양호노인홈, 치매 노인을 위한 인지증그룹홈, 경제적 형편이 어려운 노인을 위한 양호노인홈과 경비노인홈 그리고 몸이 약간 불편한 중산층 노인을 위한 유료노인홈 등이 있다.

각 주거 형태의 이용 규모를 비교하면 특별양호노인홈 이용자 530,230명, 양호노인홈 64,091명, 경비노인홈 93,804명, 인지증그룹홈 242,000명, 유료노인홈 482,792명으로, 특별양호노인홈과 유료노인홈의 이용자가 가장 많은 편이다. 그러나 특별양호노인홈은 요양등급이 높아야 입주할 수 있고, 양호노인홈, 경비노인홈은 부양자가 없는 저소득 계층이라야 입주 가능하다. 노인들의 수요를 감안하면 인지증그룹홈 역시 부족하다. 이 중 일반 노인들에게 상대적으로 친근한 유료노인홈은 입주비가 비싸서 문제다.[4]

최근에 가장 주목받는 주거 방식은 서비스 제공형 고령자 주택이다. 지역포괄케어 시스템 구축을 위한 전제 요소로 '자가自家가 아닌 재가在家'에서의 생활을 강조하면서 서비스 제공형 고령자 주택 확충이 필요하다는 의견이 대두되었다. 시설 내에 개호인력을 고용하여 개호 서비스를 제공하는 시설은 더 이상 늘지 않고, 반대로 개호 서비스를 외부에서 제공하는 서비스 포함 고령자 주택이나 주택형 유료노인홈이 증가한다.

3. 유애정 「일본의 노인 주거정책과 서비스 제공형 고령자 주택」『국토』 2022 November vol.49
4. 유야마 아쓰시 「일본 노인 주택의 최근 이슈」『국제 사회보장 리뷰』 2017 겨울호 Vol.3, pp. 109~113
5. 석재은 외 『장기요양 재가 서비스 개편 방안 연구』 연구보고서, 한국노인복지학회 2016.11

[표 30] 고령자 대상 주거의 개요[4]

구분	특별양호 노인홈	양호노인홈	경비노인홈	유료노인홈	서비스 제공형 고령자 주택	인지증 그룹 홈
근거법	노인복지법	노인복지법	사회복지법, 노인복지법	노인복지법	고령자주거법	노인복지법
기본 성격	요개호 고령자를 위한 생활시설	환경적, 경제적으로 곤궁한 고령자를 위한 시설	저소득 고령자를 위한 주거	고령자를 위한 주거	고령자를 위한 주거	인지증 고령자를 위한 공동생활 주거
정의	입소자를 양호하는 것을 목적으로 하는 시설	입소자를 양호하고, 자립적인 생활을 영위하며, 사회적 활동에 참가하기 위해 필요한 지도 및 훈련 그 외 원조 실시를 목적으로 하는 시설	무료 또는 저가의 요금으로 식사 제공 및 그 외 일생생활상 필요한 편의를 제공하는 것을 목적으로 하는 시설	입욕·배설·식사의 개호, 식사 제공, 세탁·청소 등의 가사, 건강 관리 등을 행하는 시설	상황 파악 서비스, 생활 원조 서비스 등의 복지 서비스를 제공하는 주택	입욕·배설·식사 등의 개호 및 일생생활상의 도움 및 기능 훈련을 실시하는 공동생활의 주거
이용 가능한 개호 보험	개호복지시설 서비스	특정시설 입소자 생활개호 방문개호, 통소개호 등의 거택 서비스				인지증 대응형 공동생활 개호
주요 설치 주체	지방공공단체, 사회복지법인	지방공공단체, 사회복지법인	지방공공단체, 사회복지법인, 지사 허가 법인	제한 없음 (영리법인 중심)	제한 없음 (영리법인 중심)	제한 없음 (영리법인 중심)
대상자	65세 이상으로, 신체 또는 정신상 장애가 있어 상당한 개호를 필요로 하고, 자태갱서 개호를 받는 것이 곤란한 자	65세 이상로, 환경 및 경제적 이유에 의해 자택에서 양호를 받는 것이 곤란한 자	신체 기능의 저하 등에 의해 자립 생활을 영위하는데 불안함이 인정된 자로서 가족에 의한 원조를 받는 것이 곤란한 60세 이상인 자	노인 *노인복지법상 노인에 관한 정의가 없기 때문에 해석에 있어서는 사회 통념을 다름	다음 중 하나 이상에 해당하는 단신·부부 세대 -60세 이상인 자 -요개호/요지원 인정을 받은 60세 미만인 자	요개호/요지원자이며 치매 환자(치매를 원인으로 하는 질환이 급성의 상태에 있는 자는 제외)
1인당 면적	10.65㎡	10.65㎡	21.6㎡ (단신) 31.9㎡(부부) 등	13㎡ (참고치)	25㎡ 등	7.42㎡
건수						
정원수						

출처: 후생노동성 사회보장심의회(2014), 「고령자 주택에 대하여」

특별양호노인홈(개호노인복지시설)

앞 장에서도 언급한 바 있는데 특별양호노인홈은 중증의 돌봄이 필요한 노인이 입소하는 시설로서 주로 일상생활을 위한 돌봄 서비스가 제공되며 대개 생의 마지막까지 이곳에서 보내게 된다. 「개호보험법」에 따라 요개호3 이상의 고령자가 입소한다. 우리나라의 요양원에 해당하는 시설이다.

인지증그룹홈

일본은 지난 2000년 치매 환자들이 모여 사는 소규모 공동주택 그룹홈 제도를 도입했다. 인지증그룹홈은 치매 환자에 특화된 주거 방식으로 우리나라에는 없는 시설이다. 「개호보험법」에 근거하며 특별양호노인홈에 비해 인지 또는 신체 기능 저하가 덜한 경우에 입소한다. 치매 고령자에 한하여 입욕, 배설, 식사 등의 개호와 그 외 일상생활 도움 및 기능 훈련을 시행한다. 협력 의료기관의 도움을 받을 수 있으며, 특별양호노인홈, 개호노인보건시설 등과 연계한 지원을 받기도 한다.[6]

유닛Unit 단위로 운영하는데, 한 유닛에 5-9개의 일인용 객실과 거실, 부엌, 목욕탕 등이 있다. 환자들은 평소에 쓰던 이불, TV, 책상 등을 갖고 오기도 한다. 병원 치료를 받을 정도는 아니지만, 집에서는 돌보기 어려운 환자들이 이곳을 찾는다. 유닛마다 간호사 2명과 헬퍼 2-3명이 24시간 상주하고, 정신과 의사들이 한 달에 두 번 정도 방문진료

---

6. 양윤실 『일본 그룹홈의 건축적 특징에 관한 기초 연구』 제주대학교 대학원 석사학위논문 2014

를 한다. 치위생사가 일주일에 2-3번 방문하여 치아 구강 건강을 관리해 준다. 환자에게 응급 상황이 발생하면 인근 협력병원으로 이송하는 체계를 갖추고 있다. 생활비 일부는 개호보험에서 지불한다. 치매 중증도가 높을수록 개호보험 지원액이 커진다.[7]

2000년 675개소에 불과하던 인지증그룹홈은 2016년 현재 13,114개소에 거주 환자 20만여 명에 이른다. 치매 환자가 늘면서 그룹 홈 수도 증가하지만 여기서 일하는 직원을 채우지 못하는 상황이 많다고 한다.

양호노인홈

경제적으로 취약한 고령자들이 자립적인 사회생활을 영위하는 데 필요한 지도 및 훈련, 그 외 지원을 받을 수 있도록 함을 목적으로 하는 시설이다. 65세 이상이 대상이고 자택에서 생활하기 어려울 때 입소하며 협력 의료기관의 도움을 받게 된다.

경비노인홈

비교적 자립 상태의 노인에게 일부 생활 지원 및 안부 확인 등의 서비스를 제공하는 경비노인홈이 있다. 경제적 형편이 어려운 노인에게 무료 또는 저렴한 요금으로 제공된다. 자립 생활이 어렵다고 판단되는데 가족 지원이 곤란한 때 입소가 가능하다.

---

7. 김철중 「생활은 내집처럼, 관리는 병원처럼… 日 치매 그룹홈」 『조선일보』 2017.6.29

유료노인홈

자립 상태거나 중증인 노인 모두 이용할 수 있으며, 개호 서비스는 선택적으로 이용할 수 있는 시설로 유료노인홈, 서비스 제공형 고령자 주택이 있다.

유료노인홈은 2006년 「노인복지법」 개정으로 급격히 증가한다. 이 개정으로 정원 10명이라는 요건이 폐지되었고 식사 제공뿐이던 서비스 내용이 식사 제공, 개호, 가사, 건강 관리 중 하나를 선택할 수 있도록 확대되었다.

유료노인홈에는 ① 개호형 유료노인홈 ② 주택형 유료노인홈 두 가지 유형이 있다. 전자는 개호 등의 서비스를 시설 내에서 제공하기 때문에 월 부담액이 15만 엔을 넘는 반면 후자는 개호 서비스를 외부에서 제공하게 되어 부담액은 13만 엔 정도다. 방 1개당 면적도 전자가 더 넓다. 최근에는 저소득 고령자를 대상으로 임대료를 낮게 책정한 주택형 유료노인홈이 인기를 끈다고 한다.[8] 전체적으로 개호형 유료노인홈보다 주택형 유료노인홈이 다수를 차지하며 성장 속도도 빠르다. 2019년 현재 개호형 유료노인홈 시설 수는 4,070개소, 주택형 유료노인홈은 10,029개소로 약 2.5배에 이른다.[9]

유료노인홈의 설립 주체는 주식회사가 72% 정도를 차지하며, 그 다음으로 유한회사가 10.7%, 사회복지법인이 7.5%, 의료법인이 5.7%를 차지한다. 유료노인홈은 자립 가능한 노인도 입주가 가능한데 요개

---

8. 무토 마사키 『커뮤니티 케어 : 일본의 의료와 개호』 남은우, 정승용, 김소형, 신정우 옮김, 계축문화사 2018
9. 조용운 「한일 장기요양 서비스 공급체계 비교 및 보험회사 진출 사례」 이슈보고서 2021-21, 보험연구원

호1부터 요개호5까지 각 대상자가 거의 같은 비율을 차지한다. 평균 요개호도는 2.19다. 입소자 연령은 80대가 가장 많으며, 평균 연령은 84.4세다. 평균 연령이 84.4세로 높은 편이지만, 평균 요개호는 개호시설에 비하면 낮은 편이다.[10]

우리나라에 소개된 바 있는 이신칸医心館이라는 시설은 재택형 유료노인홈의 일종이다. 의료에 대한 의존도가 높은 환자의 요양 병상에 일상의 기능을 더한 재택요양과 병원 입원의 장점을 합쳐 놓은 시설이다. 의사는 외부에 위탁하는 대신에 간호사는 병원과 거의 같은 인력 배치가 이루어진다. 병동 경험이 풍부한 간호사가 환자 곁에서 돌봄을 제공하기 때문에 의료 의존도가 높은 환자, 말기 환자 그리고 급성기 치료 후에 요양이 필요한데도 불구하고 퇴원한 환자가 주로 입주한다.[11]

서비스 제공형 고령자 주택

서비스 제공형 고령자 주택은 2011년 4월 「고령자 주거지원법」 개정 때 생활 지원 서비스가 제공되는 주택 방식으로 신설되었다. 이 주택은 처음 국토교통성 정책으로 시작했으나 지금은 후생노동성과 공동으로 담당한다. 기존의 노인 주택과는 대상자, 주거 면적이나 배리어 프리Barrier free 구조 등의 하드웨어 측면, 생활 지원 서비스의 소프트웨어 측면, 일시금 유무나 반환 등의 계약 면에서 기준이 엄격하다

---

10. 석재은 외 『장기요양 재가 서비스 개편 방안 연구』 연구보고서, 한국노인복지학회 2016.11
11. 시바하라 케이이치 『초고령사회 일본, 재택의료를 실험하다』 장학 옮김, 청년의사 2021

는 데 차이가 있다.[12]

　배리어 프리 설비 외에는 시설에 대한 의무가 없으며 서비스 측면에서 생활 상담, 일과 중 돌봄 서비스는 반드시 해야 하지만, 그 외의 야간 긴급 통보, 식사, 쓰레기 버리기, 세탁, 병원 동행 등은 임의의 유료 서비스로 운영된다. 비용부담 측면에서 서비스형 고령자 주택은 입주 일시금이 필요하지 않고, 매월 비용도 비교적 저렴하게 설정되어 있으나, 필요한 서비스를 받으려고 하면 별도의 비용이 들어서 추가 비용의 부담이 커질 가능성이 있다.[13]

[표 31] 서비스 제공형 고령자 주택의 등록 기준[14]

설비	- 원칙 25m2 이상 - 구조와 설비가 일정 기준을 충족시켜야 한다
서비스	- 서비스를 제공해야 한다 - 최소한 안부 확인, 생활 상담 서비스를 제공(서비스의 예: 식사 제공, 청소, 세탁 등 가사 지원 등)
계약 내용	- 장기 입원을 이유로 사업자로부터 일방적으로 해약할 수 없는 점 등, 거주의 안정이 도모된 계약이어야 한다 - 보증금, 월세, 서비스 대가 이외의 금전을 징수하지 않아야 한다 - 선불금에 대해 입주자 보호가 이루어져야 한다

출처: 후생노동성 사회보장심의회(2014), 「고령자용 주택에 대하여」

　60세 이상 또는 개호가 필요한 60세 미만이 주된 입주 대상자다. 하드웨어 측면으로는 1호당 면적 $25m^2$ 이상(식당이나 욕실 등을 공동공간으로 갖추고 있으면 $18m^2$ 이상도 가능), 배리어 프리 구조는 필수 요건이다. 이곳

---

12. 유애정, 「일본의 노인 주거정책과 서비스 제공형 고령자 주택」, 『국토』, 2022 November vol.49
13. 김주영, 「고령자 서비스 결합 주택 공급의 해외사례와 시사점」, 『주택도시금융연구』 2022;7(1):49-64
14. 석재은 외, 『장기요양 재가 서비스 개편 방안 연구』, 연구보고서, 한국노인복지학회, 2016.11

은 특별양호노인홈보다 넓고 화장실은 반드시 실내에 있어야 한다. 안부 확인 서비스와 생활 상담 서비스를 제공하며 그 외의 개호 서비스나 방문간호 서비스는 외부 사업소가 담당한다.[15]

담당 인력으로 의사, 간호사, 개호복지사, 사회복지사, 개호지원 전문원 또는 헬퍼 2급 이상의 자격을 취득한 자를 배치하며 주간에는 상주 근무, 야간에는 긴급통보 시스템 대응 체계로 운영한다. 또한 계약할 때 장기 입원 등의 이유로 사업자와 일반적인 해약이 불가능한 상황을 대비한 거주 안정에 관한 내용도 포함되어야 한다. 보증금, 월세, 서비스 이용료에 한정하여 비용을 받을 수 있으며, 권리금은 불가하고 보증금 반환과 관련한 금액 산정 방법을 명시하는 등 생활자 보호를 위한 제도를 반드시 갖춰야 한다. 필요조건을 충족하면 주택이 도도부현에 등록되고, 입소 희망자는 주택을 선택하여 이용할 수 있게 되며 입소자에게 개호 서비스가 필요하면 10% 본인 부담으로 이용하는 방식의 재택개호 서비스 이용이 가능하다.[16]

서비스 포함 고령자 주택이 급속하게 확대되어 2017년 4월 기준 21.7만 가구에 이른다. 확대 이유는 외부 서비스를 이용함으로써 특별양호노인홈에 준하는 서비스를 기대할 수 있기 때문이다. 2017년 8월 말 현재 서비스형 고령자 주택의 운영 주체는 사업자 업종별로 개호사업자 67.5%, 의료사업자 14.8%, 부동산업자 7.7%, 건설업자 2.2%, 기타 7.7%였으며, 영리, 비영리의 구분에서는 영리 69.4%, 비영리 22.8%(의료법인 14.3%, 사회복지법인 8.5%)다.[17]

---

15. 무토 마사키 『커뮤니티 케어: 일본의 의료와 개호』 남은우, 정승용, 김소형, 신정우 옮김, 계축문화사 2018
16. 유애정 「일본의 노인 주거정책과 서비스 제공형 고령자 주택」 『국토』 2022 November vol.49
17. 김주영 「고령자 서비스 결합 주택 공급의 해외사례와 시사점」 『주택도시금융연구』 2022; 7(1):49-64

이런 서비스를 주택 운영 사업소에서 직접 제공한다면 더 좋을 것이다. 이 주택은 건물 안에 24시간 방문개호 및 간호 서비스 제공을 위한 정기순회 수시형 서비스를 함께 운영하기도 한다. 예를 들어 2층에는 고령자 주택이 있고 1층에 방문간호 스테이션, 데이 서비스가 있어서 1층 사업소의 방문간호사나 헬퍼가 직접 주택을 방문하게 된다면 서비스가 훨씬 더 편리해진다.[18]

서비스 지원형 고령자 주택에서는 새벽에 화장실에 혼자 갈 때 넘어져 골절했다거나 창문에서 떨어져 숨지는 사고 등 중증 노인이나 치매 노인의 사고가 빈번하게 발생한다. 서비스 지원형 고령자 주택이 노인들에게 새로운 선택지로 부상한 것은 하나의 성과지만, 이러한 노인 주택의 확충에 따른 사고 위험 방지 등을 고려해야 한다.[19]

서비스 지원형 고령자 주택 입주자는 증상이 악화하거나 치매에 걸리면 주택을 나가야 한다. 인지증그룹홈과 특별양호노인홈은 여전히 부족하여 많은 중증 노인과 치매 노인들이 지역사회를 헤매고 있다.

거점형 서비스 제공형 고령자 주택

지역 단위로 서비스를 공급할 수 있는 기능을 가진 서비스 제공형 고령자 주택을 '거점형 서비스 제공형 고령자 주택'이라고 이름 붙였다.[20]

---

18. 무토 마사키 『커뮤니티 케어 : 일본의 의료와 개호』 남은우, 정승용, 김소형, 신정우 옮김, 계축문화사 2018
19. 유야마 아쓰시 「일본 노인 주택의 최근 이슈」『국제 사회보장 리뷰』 2017 겨울호 Vol.3, pp. 109~113
20. 무토 마사키, 『커뮤니티 케어: 일본의 의료와 개호』 남은우, 정승용, 김소형, 신정우 옮김, 계축문화사, 2018

후생노동성은 서비스 제공형 고령자 주택에 재택 요양 지원이나 방문간호 스테이션을 병설하여 같은 건물의 환자를 진료하는 것에 대해 처음에는 반대 입장을 유지했다.[21] 이유는 환자 소개 문제와 통원이 가능한 환자에 대해서도 방문진료를 하는 등 부적절한 사례가 드러난 데 있다. 이에 대한 처벌의 의미로 동일 건물 감산 제도가 도입되었으나 재택의료를 약화시킬 수 있다는 문제 제기가 있어 나중에는 완화된다. 이용자 입장에서는 같은 건물 안에 서비스 제공 사업소가 있어 편리하다. 국토교통성은 처음부터 이 부분을 반영하였으나 후생노동성은 손님 확보를 위한 상술로 단정 짓고 이를 규제 대상으로 여겼다.[22]

빈집을 활용한 저소득 고령자 주거 대책

인구 감소로 빈집이 늘어났다. 2008년 총무성 조사를 보면 전국에 757만 채의 빈집이 있다고 한다. 이런 상황에서 정부는 빈집을 활용한 '저소득 고령자 등의 주거, 생활 지원 모델 사업'을 2014년에 시작한다. 이 사업의 토대가 되었던 것이 일반재단법인 고령자주택재단의 '지역 친선 사업'이다.

지역 친선 사업은 지역에서 계속 살기 어려운 저소득 고령자를 대상으로 한다. 지역포괄케어 시스템의 중심 과제인 주거 문제를 지금까지 크게 관련이 없었던 지역복지와 연계해 해결점을 찾으려는 새로운 시도다.

21. 무토 마사키, 『커뮤니티 케어: 일본의 의료와 개호』, 남은우, 정승용, 김소형, 신정우 옮김, 계축문화사, 2018
22. 무토 마사키 『커뮤니티 케어 : 일본의 의료와 개호』 남은우, 정승용, 김소형, 신정우 옮김, 계축문화사 2018

지역 친선 사업은 ① 하드웨어적인 면에서 '주거' 확보 ② 소프트웨어적인 면에서 '주거 방식(생활)' 지원이라는 두 핵심으로 이루어진다. 주거 확보에서는 대상자가 거주하기에 적당한 주택 매물 확보, 집주인과 연계, 거주 지역의 주택 매물 정보 파악 등을, 생활 지원에서는 지원 대상자에 대한 파악, 지원 계획의 작성, 거주지 입주자 간 또는 지역과 상호 도움 체제 구축, 대상자와 거주지의 연결, 대상자의 욕구에 맞춘 일상생활상의 지원 등을 모색한다. 이 사업을 원활히 진행하기 위해 관계자 간 네트워크의 장으로 '플랫폼 기능'을 만든다.[23]

23. 무토 마사키 『커뮤니티 케어 : 일본의 의료와 개호』 남은우, 정승용, 김소형, 신정우 옮김, 계축문화사 2018

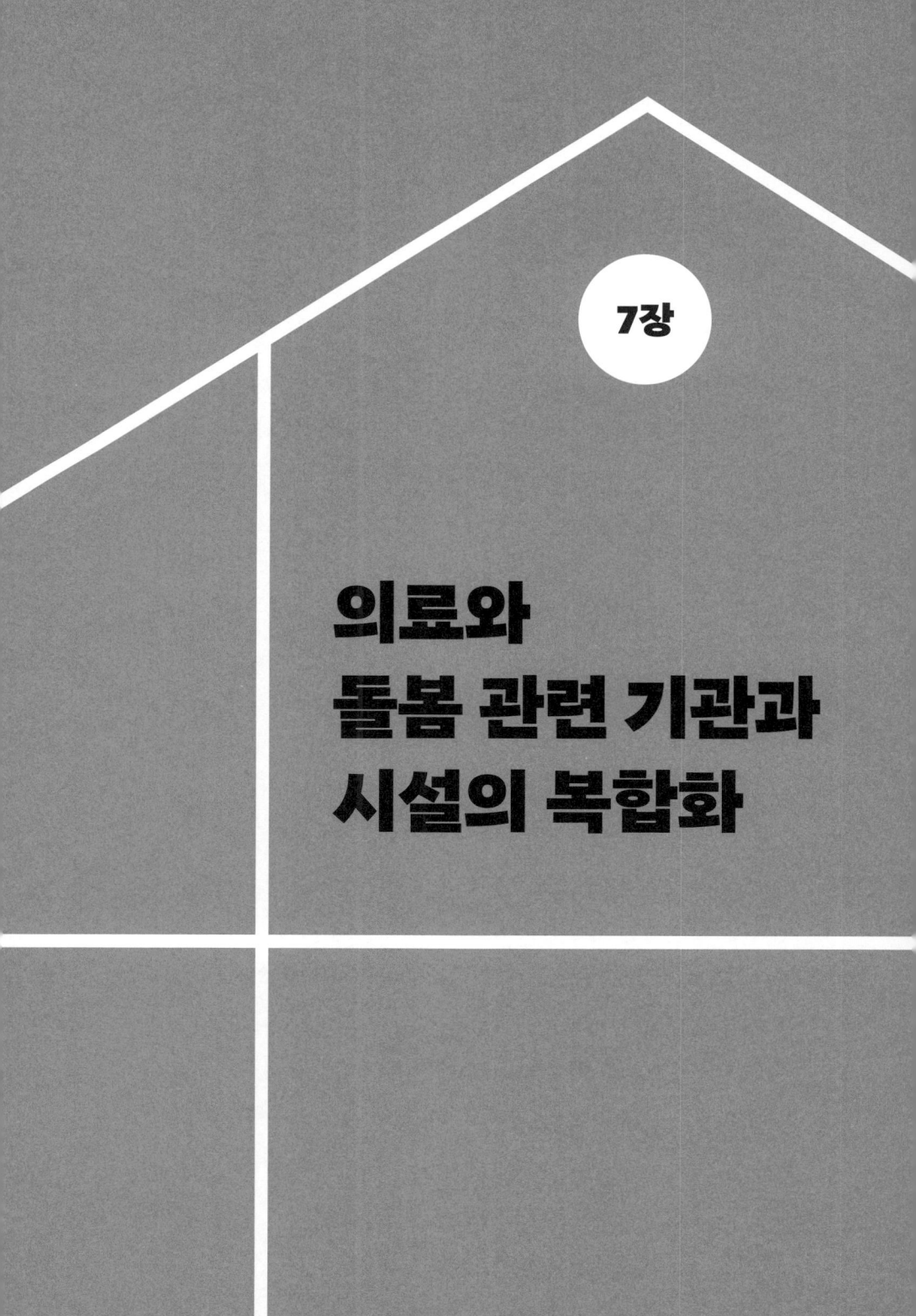

　일본에서는 의료와 돌봄 서비스를 제공하는 시설들이 한군데 모여 복합시설로 운영되는 곳이 많다. 우리나라와 다른 돌봄 현장의 모습이다. 복합시설 방식은 운영의 효율성을 높이고 이용자에게는 편의성과 접근성이 유리하다.

　일본에서 고령자 시설 정비가 '골드 플랜21' 등에 의해 추진되었으나 대도시에서는 시설 용지의 확보가 어려워 양적 확충이 늦어졌다. 이런 상황에서 특히 도시 고령자 시설을 다른 여러 시설과 복합화함으로써 단독으로는 어려웠던 시설 계획을 실현하게 되었다. 인구 감소와 고령화가 동시에 빠르게 진행하는 농어촌에서도 고령자 시설을 핵심으로 다양한 서비스를 묶어 복합시설을 건립할 필요성이 커졌다.

　고령자 복합시설이란 일반적으로 두 종류 이상의 고령자 시설을 동일 건물 또는 동일 대지 안에 설치하고 상호 이용이 가능하도록 하여 상승효과를 만들어내는 시설이다. 예를 들어 하나의 시설 또는 근거리 여러 건물에서 주간보호, 단기보호, 장기요양이 동시에 이루어지면 치매 환자나 일반 노인 환자가 상태나 필요에 따라 이곳저곳 옮겨 다니지 않아도 된다. 이것이 가능하려면 개호시설, 재가복지시설, 의료시설 간 연계가 효과적으로 이루어져야 한다. 이처럼 다른 종류 시설이 지

역사회 안에서 복합화되면 이용이나 운영 면에서 효과적인 환경을 제공할 것이다.[1]

복합시설의 장점은 다양하다. 첫째, 고령자 시설의 서비스가 질적으로 개선된다. 다양한 기능의 상호 연계로 포괄적인 서비스 제공이 가능해진다. 둘째, 다양한 서비스를 통합적으로 제공함으로써 지역의 수요에 대응할 수 있다. 셋째, 고령자의 고립을 막고 세대 간 교류를 촉진할 수 있다. [표 32]의 시설 분류는 주간보호센터 이외의 주된 시설이 고령자 시설인가 또는 다른 종류의 시설인가에 따라 구분한 것이다.[2]

[표 32] 고령자 복합시설의 시설별 분류

구분			시설명
고령자 시설	거주시설	고령자 주택	실버 하우징, 유로노인홈, 고령자용 우량 임대주택, 케어 하우스, 시니어 주택 등
		개호보험시설	특별양호노인홈, 개호노인보건시설, 요양형 의료시설
	이용시설		노인복지센터
			소규모 다기능 시설, 그룹홈, 단기보호 등
기타시설	의료시설		보건센터, 병원(진료소), 보건소
	교육시설		초·중학교, 유치원, 보육원
	지역 이용시설		도서관, 시·구청 출장소, 우체국, 공민관(커뮤니티센터), 공립문화시설 등
	일반 주거시설		집합주택

1. 박혜선, 오은진 「일본 고령자 복합시설과 데이서비스센터의 복합 유형에 관한 연구」 『한국실내디자인학회 논문집』 제16권 4호 통권 63호 2007년 8월
2. 박혜선, 오은진 「일본 고령자 복합시설과 데이서비스센터의 복합 유형에 관한 연구」 『한국실내디자인학회 논문집』 제16권 4호 통권 63호 2007년 8월

고령자 거주 시설과 주간보호센터의 결합

다양한 방식으로 복합화할 수 있는데 가장 흔한 방식이 고령자 주택과 이용시설의 복합화다. 이런 시설에서는 자립할 수 있는 상태에서 고령자 주택에 입주했으나 개호가 필요할 때 동일 건물 내 주간보호 서비스 등을 이용하면 된다. 또한 시설 내 재택지원시설에서 개호 관련 정보도 얻게 된다. 특별양호노인홈, 개호노인보건시설, 요양형 의료시설 등의 개호보험 시설과 주간보호 서비스의 결합도 가능하다. 현재 대부분 개호보험 시설에 주간보호센터가 같이 설치되어 있다. 기능 면에서 이 시설들은 공유가 용이하고 주간보호센터의 이용자가 개호보험 시설의 예비 입소자가 되므로 입소에 대한 적응 부담이 준다.

현재 일본에서 고령자 주택과 개호보험 시설과의 결합이 가장 많이 진행되었다. 특별양호노인홈에는 대부분 주간보호센터가 부설되어 주변 지역 노인들에게도 시설을 공유하거나 개방한다. 실버하우징이나 시니어 주택 등 고령자 주택을 공급할 때 주택의 1층에 주간보호센터를 함께 설치하는 경우가 많다.[3]

고령자 이용 시설과 주간보호센터의 결합

노인복지센터라는 고령자 이용시설이 다른 복지시설 또는 주간보호센터와 결합된 '종합복지센터'와 같은 사례가 있다. 복지시설의 결합은 각 시설의 고용이 비교적 용이하며 시설의 효율적 운영이 가능하

---

3. 박혜선, 오은진, 「일본 고령자 복합시설과 데이 서비스 센터의 복합 유형에 관한 연구」, 『한국실내디자인학회 논문집』 제16권 4호 통권 63호 2007년 8월

다는 게 장점이다.

소규모 다기능 복지거점 시설과의 결합도 가능하다. '소규모 다기능 거택개호'는 2006년 4월에 「개호보험법」이 개정되면서 제도화하였는데 이 자체로 여러 기능이 복합된 예다. 대규모 시설에서 소규모 시설로, 다양한 이용자에게 세심하게 대응하고자 정원 25명 이하, 24시간 대응의 소규모 다기능 거택개호가 대략 중학교 권역에 하나씩 설치할 수 있게 되었다. 이전부터 제도와 상관없이 개인이나 단체에 의해 설립된 고령자와 장애인을 포함하는 '탁로소'의 실천 모델이 제도화한 것이다. 쿄토 구도심 아네야코지姉小路[4] 소규모 다기능 시설은 그룹홈, 고령자 집합주택, 개인 주택, 주간보호센터, 재택개호 지원사무소, 주방, 살롱 등으로 구성되었다.[5]

고령자 시설 외 다른 시설과 주간보호센터의 결합

우선 의료시설과 주간보호센터의 결합이 가능하다. 주간보호센터가 병원, 진료소 및 건강증진시설과 결합하여 '보건복지센터'라 부르는 의료와 복지의 복합 모델을 구성하기도 한다.

도쿄에 있는 후루가와바시古川橋 병원은 일부 병상을 전환하고 증축하여 개호노인보건시설 르네상스 아자부麻布를 병설하고 주간보호센터를 복합화하였다. 이런 복합시설은 병원-개호노인보건시설-주간보호센터-자택의 순으로 개호도에 따른 시설의 연계가 가장 효과적으로

---

4. 쿄토 아네야코지 마을은 수백 년 전통의 가게와 료칸들이 밀집해 있는데 고층 아파트 건설에 반대하면서 주민협의체를 결성하여 도심 재생형 마을 만들기를 진행한다.
5. 박혜선, 오은진, 「일본 고령자 복합시설과 데이 서비스 센터의 복합 유형에 관한 연구」, 『한국실내디자인학회 논문집』 제16권 4호 통권 63호 2007년 8월

이루어지는 체계를 갖춘 셈이다.

교육시설과의 복합화도 이루어진다. 아동 수 감소로 비는 여유 교실을 고령자 시설로 활용하는 방안이다. 경제적으로 합리적일 뿐만 아니라 세대 간 교류를 꾀할 수 있다는 것도 장점이다. 이외에도 공공기관의 민원시설, 문화시설, 도서관 다양한 시설과의 복합화가 가능하다.

일반 주거시설과 주간보호센터의 복합화도 가능하다. 주거 단지 안에 고령자시설이 위치하면 이용이 편리하기도 하고 일단 안심하게 된다.

보건·의료·복지 복합체

보건·의료·복지 복합체(이하 복합체)는 '모체母體 법인'(개인병원, 진료소도 포함)이 단독 또는 계열 법인과 함께, 의료시설(병원, 진료소)과 보건복지시설 양쪽 모두를 개설하는 것이다. 따라서 '복합체'에는 의료시설이 모체인 것만이 아닌 보건복지시설이 설립 주체인 것도 포함된다. 다만 후자는 드물어 '모체 병원(진료소)'이라고 표현하는 것이 일반적이다.[6]

1990년 전후부터 전국 각지에서 민간 의료기관 개설자가 동일 법인 또는 관련 법인을 통해 노인보건시설이나 특별양호노인홈, 방문간호 스테이션, 재가개호 지원센터, 가사 지원사업, 유로노인홈, 케어하우스 등을 개설하여 보건, 의료 및 복지 서비스를 사실상 자기 완결적으로 제공하는 움직임이 나타난다.[7]

---

6. 윤재호, 「일본의 커뮤니티 케어와 복합체 현장 사례」 『청년의사』 2019.8.22
7. 니키 류 『일본의 개호보험과 보건의료복지 복합체』 정형선 편역, 청년의사 2006

병원, 개호노인보건시설, 특별양호노인홈 이 세 종류의 시설을 개설하는 그룹을 입원, 입소 '3점 세트' 그룹이라고 하는데 개설자 대다수가 의료법인이다. '복합체'의 전형적인 모델이다. 의료시설(병원), 중간시설(개호노인보건시설), 생활시설(특별양호노인홈)을 통합하는 것으로 지역에서 의료-재활(중간시설)-장기요양시설(혹은 재가 서비스)을 통합적으로 제공하는 법인 내 자기 완결 형태이기 때문이다. 의료기관 특히 '복합체'가 중심이 되는 지역포괄케어를 추진하는 지역도 적지 않다.[8]

일본의 병원들은 정부의 정책과 함께 지역의 수요에 대응하기 위해 관련 시설을 설립하고 서비스를 확대하여 왔다. 이제는 '병원, 개호노인보건시설, 특별양호노인홈'의 3점 세트 복합체만이 아닌, 각 서비스 분야별 복합화를 통해 서비스를 제공해 나가는 상황이다. 따라서 의료법인이 사회복지법인을 설립하거나 민간회사를 설립하여 의료, 개호 서비스를 같이 제공하는 방식은 흔히 볼 수 있다.[9]

방문간호와 관련한 서비스 중 소규모 다기능 거택개호 등의 서비스는 행위별 수가가 아닌 포괄수가로 제공한다. 이 경우 이용자는 가급적 많은 서비스를 요구하고 제공자는 최소의 서비스를 통해 최적의 서비스를 제공하기 위해 노력한다. 제공자 입장에서 서비스 제공이 지나치게 많아지면 인건비 등으로 인한 적자 운영이 불가피하고, 고객이 원하는 만큼의 서비스 제공이 되지 않으면 고객 확보가 어려워 운영이 어렵게 되기도 한다. 이 문제의 해결에 앞서가는 사업자들은 '복합화'와 '의료 제휴'로 돌파구를 마련하고자 한다. 이들의 공통점은 첫째, 지역 기반으로 거점을 확보하고 이를 확대해 나가는 것이다. 사업 지

---

8. 니키 류 『일본의 개호보험과 보건의료복지 복합체』 정형선 편역, 청년의사 2006
9. 윤재호 「일본의 커뮤니티 케어와 복합체 현장사례」 『청년의사』 2019.8.22

역의 범위와 거점을 정하여 지역의 수요에 촘촘히 대응하는 전략이다. 보험자가 동일한 시정촌이 그 최소 단위가 되어 서비스 수요를 파악하고 사업영역을 확보한다. 둘째, 서비스의 복합화다. 방문간호와 방문개호 이외에 그룹홈 등의 노인 주택을 운영하고, 단기입소 등 지역 요구에 대응한 복합시설을 확장하여 이용자 확보와 운영비용 절감을 도모한다. 또한 개호보험 수가 이외의 서비스 진출도 모색한다. 셋째, 의료기관과의 연계 강화다. 이용자 확보에서 특히 중요하게 검토되는 것은 지역 병원, 진료소와의 연계 강화다. 특히 병원에서는 평균 입원 일수 단축이 큰 이슈다. 따라서 신속한 재택 복귀를 위해 전문인력을 확보하는 등의 노력을 기울이는데, 이에 맞춰서 업무 파트너로서 대응하고자 노력한다.[10]

복합체 방식에서도 장단점이 있다. 복합체를 경영하는 입장에서는 경제적으로 이득이 되고 이용자 입장에서는 편리성이 향상되는 장점이 있다. 그러나 지역에서 복합체가 여러 사업을 독점하면서 부정적 결과가 나타나기도 한다. 복합체 안에 환자를 붙잡아 두게 되어 이용자의 선택에 제한이 생긴다. 주로 의료법인 또는 병원이 기반이 되어 복합체가 형성되기 때문에 복지 영역이 의료화하기도 한다. 개호노인보건시설이나 특별양호노인홈이 모체 병원의 연장 또는 그것의 단순한 후방 역할로 자리매김되어 의료적 돌봄을 우선하게 되면서 복지나 생활 돌봄을 경시하거나, 이익이 나는 분야에만 집중하기도 한다. 복합체의 관계자가 지방의원이 되어 시설인가나 보조금 교부에 특별 대우를 받는 예도 있다.[11]

---

10. 윤재호 「일본의 커뮤니티 케어와 복합체 현장 사례」 『청년의사』, 2019.8.22
11. 니끼 류, 『일본의 개호보험과 보건의료복지 복합체』, 정형선 편역, 청년의사, 2006

공생형共生型 서비스

'공생형 서비스'란 기존의 개호보험과 장애인 복지 어느 한쪽 제도의 지정을 받은 사업소가, 다른 제도의 지정을 쉽게 받을 수 있도록 제도 간의 벽을 허물어 다양한 서비스를 한 곳의 사업소에서 제공하는 제도다. 2018년 4월부터 장애인과 노인이 같은 공간에서 재가 서비스를 이용하는 '공생형 서비스'가 도입되었다. 한 사업소에서 노인과 장애인이 함께 방문요양, 주간보호, 단기입소 등 서비스를 이용하게 되었다.[12]

공생 서비스는 '공생케어'라는 이념과 실천에서 유래한다. 1993년 토야마富山 방식의 민간 주간보호 사업소 '코노유비토마레'에서 시작되었다. 토야마 적십자병원 퇴직 간호사 3명이 만든 민영 데이케어 하우스로 '죽더라도 집에서 죽고 싶다'고 말하는 입원 노인들을 많이 보면서, 병원의 한계점과 재가 서비스의 중요성을 느껴 설립하였다고 한다. 마을의 민가 등을 개조해 돌봄이 필요한 고령자들에게 주간보호나 야간보호, 방문요양 등을 통합적으로 제공하는 소규모 재가 서비스 등이 있다.[13]

2021년 10월 기준으로 장애인 복지 서비스 사업소 148개소에서, 개호보험 서비스 사업소에서는 903개소가 공생형 서비스를 제공하고 있다.

노인, 장애인, 아동에 대한 서비스가 종합적으로 제공될 수 있도록

---

12. 김춘남, 이미영, 「일본의 '공생형(共生型) 서비스' 현황과 시사점」, 『복지 이슈 FOCUS』, 제30호 2022-30, 2022.12
13. 김춘남, 이미영 「일본의 '공생형共生型 서비스' 현황과 시사점」『복지 이슈 FOCUS』 제30호 2022-30, 2022.12

서비스를 조합하고, 이를 통합적으로 제공하는 데 방해 요인을 제거함으로써 지역을 기반으로 한 포괄적 지원을 강화할 수 있다. 가정적인 분위기가 이용자의 증상을 완화시키고, 노인, 장애인 및 아동 등 다양한 이용자가 같은 공간을 공유함에 따라 인지 기능 및 신체 기능의 개선으로 연결되는 효과도 기대된다.[14]

요도가와근로자후생협회의 라쿠라쿠센터[15]

라쿠라쿠센터는 공익재단법인 요도가와근로자후생협회(요도협)가 설립하여 운영하는 3층 건물의 복합시설이다. 법인 최초 병원인 니시

라쿠라쿠센터

---

14. 김춘남, 이미영 「일본의 '공생형共生型 서비스' 현황과 시사점」『복지 이슈 FOCUS』제30호 2022-30, 2022.12
15. 2017년 필자가 방문한 당시의 내용을 담음

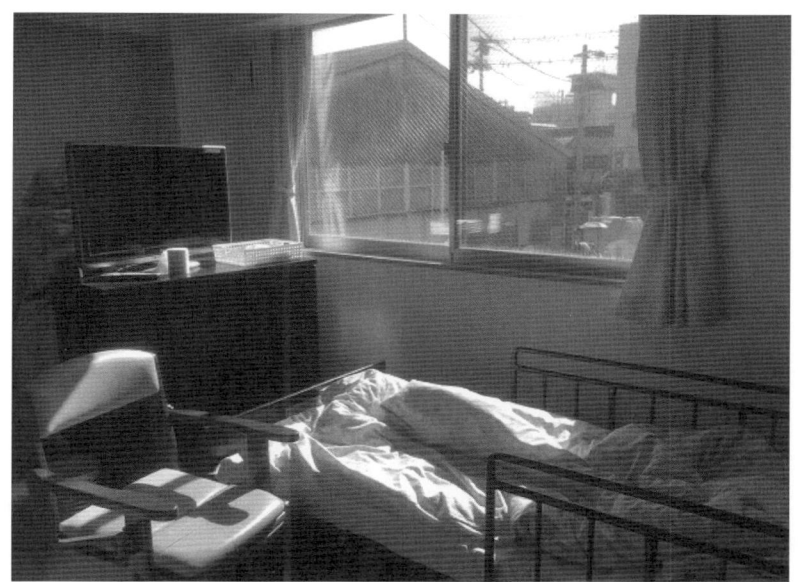
라쿠라쿠센터 2층, 간호 소규모 다기능 거택개호로 운영되는 병상

요도병원이 이전하면서 그 자리에 설립하였다. 층별로 기능이 나뉘는데 1층에는 주간보호센터, 2층에는 간호 소규모 다기능 거택개호, 3층에는 방문간호 스테이션, 헬퍼 스테이션, 재택개호24, 케어매니저 사무실, 장애인 케어플랜 사무실 등 모두 7개의 기능이 한 공간에 모여 있는 종합센터다.

　1층에 자리한 주간 보호 센터는 25명까지 수용 가능한데 월요일부터 토요일까지 오전 9시부터 오후 4시까지 운영한다. 개호보험의 적용을 받으며 개호 등급에 따라 자기 부담율이 달라진다. 식사 비용은 자기 부담이다.

　2층의 간호 소규모 다기능 거택개호는 등록제로 운영한다. 주간보호센터처럼 통원도 가능하고 단기간 숙박도 가능하며 가정으로 직접 방문하기도 한다. 개호 등급에 따라 이용료가 다른데 1등급인 경우 18만 엔, 5등급인 경우 40만 엔 수준이다. 이 중에서 본인 부담은 10% 정도다. 1박을 하는 경우 하루 2,500엔을 지불하면 된다. 1층과 2층은 별개로 운영하는데 2층의 등록 회원이 아닌 사람이 숙박을 하려면 자리가 있는 때에 한정하여 좀 더 비용을 내고 숙박을 할 수는 있다. 숙박시설은 1인실 9실이다.

3층에는 방문간호 스테이션, 헬퍼 스테이션, 재택개호24, 케어매니저 사무실, 장애인 케어플랜 사무실 등이 있다. 방문간호 스테이션에서는 방문간호사 13명이 근무하는데, 담당하는 환자 수가 150여 명으로 한 달 방문 건수는 1,100여 건이며 24시간 운영한다. 야간에는 보통 한 명의 간호사가 대기하고 있다가 호출이 오면 가정을 방문한다고 한다. 헬퍼 스테이션에서 26명의 헬퍼(정규직 8명과 비정규직 18명)가 근무하는데 보통 가정을 방문하여 청소, 식사, 가사 등을 도와준다. 헬퍼는 1, 2등급으로 나뉘며 3-4년 정도의 경력을 쌓으면 개호복지사가 될 수 있다. 재택개호24의 경우 헬퍼 스테이션과 기능은 동일한데 24시간 이용이 가능하다는 장점이 있다. 헬퍼 스테이션은 비용을 1회 얼마로, 재택개호24는 월정액으로 책정한다. 하루에 3-4회 방문하면 본인 부담이 1.6만-3.2만 엔 수준이다.

케어매니저는 대상자 개인별로 케어플랜을 작성하는 역할을 한다. 케어플랜을 작성하고 한달에 한번 개호보험에 청구할 수 있는데 보통 1인당 1.4만 엔 정도다. 20명의 케어플랜을 짜 주면 28만 엔 정도 수익을 올린다. 이는 전액 개호보험에서 부담하는 것으로 환자 본인 부담은 없다. 케어메니저 한 명당 한 달에 35명까지 담당할 수 있는데 사무실에는 보통 4명이 근무한다.

3층에 장애인 케어플랜 사무실이 있는데 장애인 복지 서비스를 지원하는 역할을 담당하며 이를 담당하는 별도의 자격증을 가진 직원들이 근무한다.

나가노의료생협의 나가노중앙개호센터

나가노의료생협은 병원과 진료소 외에 종합개호센터를 운영한다. 이 센터는 다양한 서비스를 통합적으로 제공하는 복합시설의 일종이다. 센터는 3층 단독 건물이다. 1층에는 방문간호 스테이션, 방문개호 스테이션, 주간보호센터, 재활치료실, 지역교류실 등을 배치하였다.

나가노 의료생협에서 운영하는 나가노중앙개호센터

2-3층은 요양시설로 구성되어 있는데 2층은 거동이 불편한 주민들이 입소하여 생활하는 공간으로 생활의 많은 부분을 지원해야 한다. 3층은 상대적으로 거동이 가능한 고령자들이 입소한 공간으로 식사나 빨래 정도만 해결해 주면 자기 생활이 가능하다.

8장

돌보는 마을

　지역사회 돌봄을 위해서 의료, 개호 서비스 지원뿐만 아니라 주거 문제를 같이 해결하는 것이 필요하다. 그래서 마을 단위의 포괄적인 접근이 이루어지기도 한다. 마을 또는 공동주택 단지를 의료와 개호 등 종합적인 돌봄 체계를 구성하여 재구성하고자 하는 시도들이 이어진다. 어찌보면 '돌보는 마을'의 실현이 최종적인 방향이라는 생각도 든다. 이 장에서는 마을 단위의 접근 방식을 시도하여 가장 성공적으로 안착했다고 평가받는 '가시와 모델'에 대해 소개한다. 가시와 모델은 치바 현 가시와 시柏市에서 진행된 마을 단위 돌봄 체계 구축 사례로 '도요시키다이豊四季台 프로젝트'라 불린다. 의료, 개호, 주거, 일자리 등 고령자의 다양한 요구가 마을이라는 단위로 포괄적으로 진행되었다.

UR의 지역의료 복지거점화 시책

　가시와 모델을 이해하기 위해서는 독립행정법인 도시재생기구(이하 UR)[1]의 지역의료 복지거점화 시책을 알아야 한다. UR은 2015년 기

---

1. 이전에는 일본주택공단이라고 부름. UR은 Urban Renaissance agency의 약자

준 일본 전국에 약 70만 호의 임대주택을 보유하며, 1986년부터 순차적으로 재건축을 실시 중이다. 재건축 사업 대상은 내용 연수(건물의 구조가 안전 유지 가능하다고 판단되는 법적 기간)의 1/2를 경과한 주택으로 원칙적으로 건축 경과 연수가 오래된 주택부터 순차적으로 재건축을 실시한다. 1955-1965년에 건설된 임대주택 단지 213개소 총 16만 호가 재건축 사업 대상으로 지정되었다.[2]

재건축을 진행하면서 부딪히는 문제 중 하나가 단지의 고령화율이 전반적으로 높다는 점이다. 이들 단지에서는 고령화에 대응하기 위하여 지역의료 복지거점 형성 및 고령자, 육아 가정 등에 대한 적절한 주택 공급, 단지의 배리어 프리화 등을 추진한다.[3]

지역의료 복지거점화의 개념은 지역 관계자들과 연계하고 협력하면서 주택 단지를 '지역의 자원'으로 활용하여 지역에 필요한 주택, 시설, 서비스를 정비하는 것이다. 즉 지역의료 복지거점을 중심으로 주택 단지를 포함하여 해당 지역 전체에서 방문진료, 방문간호 서비스 등을 받을 수 있도록 하며, 안심하고 지속성이 확보된 주거 환경을 만들고자 하는 것이다. UR에서는 지역의료 복지 거점화의 정책으로 ① 지역에서 의료복지시설 등 확보를 충실하게 추진 ② 고령자 등 다양한 세대에 대응하는 거주 환경의 정비 추진 ③ 젊은 세대, 육아 세대 등을 포함한 커뮤니티 형성의 추진이라는 3가지 방안을 실시하여, 다세대가 함께 살아가는 믹스 커뮤니티(Mix Community)의 형성을 도모한다.[4]

2. 이용근 『고령사회 있어서의 지역계획 및 연구에 관한 해외 선진국 동향』 한국과학기술정보연구원 2015.5.20
3. 김선희, 김명한, 김재호 『일본의 지역의료 복지거점 시책 및 주요 사례, 해외동향 해외 리포트 84』 『국토』 제433호 2017.11
4. 김선희, 김명한, 김재호 『일본의 지역의료 복지거점 시책 및 주요 사례, 해외동향 해외 리포트 84』 『국토』 제433호 2017.11

지역의료 복지거점화 정책에서는 단지 내 옥외 공간과 임대 시설, 집회소 등을 활용하여 다양한 세대 간 교류 기회를 만든다. 단지 내 부지를 활용하여 지역교류 공간으로 소규모 정원을 정비하거나, 공동 화단을 정비하여 자치회가 운영하는 등의 사례가 있다. 육아 세대용 교류 공간을 정비하고, 화장실에 기저귀 교환대를 설치하는 등 육아하기에 편리한 환경 만들기도 진행한다. 이동 수단을 지원하여 고저 차가 큰 단지 내 이동에 활용하거나, 학생 자원봉사자의 고령자 이동 지원을 통하여 다세대 간의 교류를 도모하기도 한다. 단지 내 임대 시설에 생활 지원 서비스 기능을 도입하여 물류 거점을 유치함으로써 커뮤니티 활동, 일괄 배송, 가사 지원 서비스 제공 등의 거점으로 활용하는 사례도 있다.[5]

UR은 지역의료 복지거점 사업을 여러 지역에서 다양하게 펼치는데 가장 대표적 성공 사례로 꼽는 것이 도요시키다이 단지 재개발 사업이다.

도요시키다이 단지 역사와 현황

지바 현 서북부에 위치한 가시와 시는 도쿄의 베드타운으로 발전하였으며, 인구는 42만여 명, 고령화율은 20%에 이른다.

가시와 시에는 UR이 조성한 도요시키다이라는 주택 단지가 있다. 1964년 수도권으로 유입된 주민들에 주택을 안정적으로 공급하기 위해 조성한 아파트 임대주택 단지 중 하나로 5-6층의 저층 아파트 103

---

5. 안신숙 「오래된 임대아파트 단지가 초고령화 시대 맞춤형 마을로」 희망제작소 2016.7.15. https://www.makehope.org/

개 동이 세워졌고 총 4,666호(임대주택 약 2,100호, 민간 분양 약 2,600호)로 1만여 명이 입주했다. 당시는 철근 콘크리트 구조와 수세식 화장실, 욕실 등으로 최첨단 시설을 자랑했다. 또한 도쿄까지 30-40분이면 출퇴근이 가능한 가시와 역 인근에 위치해서 입주권이 곧 복권 당첨으로 여겨질 만큼 중산층들에게 꿈의 주택 단지로 불렸다.[6]

시간이 많이 지나 단지가 당면한 문제는 무엇보다 입주민들의 고령화였다. 이곳의 고령화율은 41%로, 65세 이상의 퇴직자들이 절반에 가까웠다. 이는 가시와 시 고령화율의 두 배를 넘는 수치이며, 2055년 예상되는 일본의 고령화율과도 같은 수치다. 이처럼 입주민들의 높은 고령화율은 고도 경제 성장기에 수도권에 형성된 베드타운 단지들이 공통으로 겪는 문제이기도 했다. 이로 인하여 고립, 고독사, 자치 능력의 상실, 지역 관리 능력의 쇠퇴 등 고령화에 동반된 사회적인 문제가 집중적으로 발생하였다.[7]

[표 33] 가시와 시와 도요시키다이 단지의 고령화율 비교 (단위: %)

	가시와 시	도요시키다이 단지
65세 이상 주민	20	41
75세 이상 주민	8	18
65세 이상 요개호자	12	10

1만 명을 넘던 입주민이 6천여 명으로 줄어든 것도 문제였다. 낙후된 주택 단지에서 노후를 보내는 게 불안했던 입주민들이 다른 지역으

---

6. 안신숙 「오래된 임대아파트 단지가 초고령화 시대 맞춤형 마을로」 희망제작소, 2016.7.15 https://www.makehope.org
7. 이용근 「고령사회 있어서의 지역계획 및 연구에 관한 해외 선진국 동향」 한국과학기술정보연구원 2015.5.20

로 이주했기 때문이다. 65세 이상의 요개호자의 비율이 가시와 시 전체 비율에 비해서 낮은 것도 바로 이러한 이유에서다. 도요시키다이 단지의 모습은 가까운 미래 일본의 전 지역사회가 겪게 될 문제를 그대로 반영한다고 볼 수 있다.[8] 단지의 문제를 해결하는 것은 향후 다른 지역 문제 해결에도 이어질 것이어서 새로운 마을 만들기는 당면한 과제였다.

도요시키다이 단지의 재구성

재건축을 통한 지역 재생은 기존 고령 세대의 안락하고 지속 가능한 생활과 새로운 입주 세대의 라이프 스타일도 동시에 반영해야 했다. 1차 재건축 사업은 2008년에 완료되었다. 고령 친화 주거 개선 요소를 살펴보면 고령 세대의 주택 내부 곳곳에 세심하게 안전 장치를 하고, 휠체어, 의료용 침대 사용이 불가피한 때가 되더라도 살던 집에서 계속 거주하며 지원을 받을 수 있는 환경을 마련하였다.[9]

2011년에 고령자 돌봄 서비스 제공을 위해 복합시설을 설립하는데 이곳은 특별양호노인홈(90명), 단기보호(10명), 주택개호 지원사업소, 인지증그룹홈, 주간보호센터, 지역교류살롱 등으로 구성되었다. 2014년에는 거점형 서비스인 고령자 주택이 공급되었는데, 이는 자립이 어려운 고령자들이 지역사회 생활을 계속할 수 있도록 생활지원, 이동, 주거, 방문 서비스를 병설한 시설이다. 고령자 주택, 인지증그룹홈, 주

---

8. 안신숙 「오래된 임대아파트 단지가 초고령화 시대 맞춤형 마을로」 희망제작소 2016.7.15 https://www.makehope.org/
9. 양혜원 『지역 기반 고령 친화 정주 환경 조성 방안에 관한 연구』 제주대학교 대학원 박사학위 논문, 2023년 6월

택개호 지원사업소, 방문개호, 소규모 다기능 거택개호, 정기순회 · 수시대응형 방문개호간호, 방문간호, 주치의 진료소, 재택 요양병원, 지역포괄지원센터, 약국, 육아 지원 시설, 지역교류 공간 등으로 구성되었다.

단지 중심부에는 복합시설로 커뮤니티 식당을 두었다. 여기에는 내부에 목욕탕과 소매상점 등을 유치하여 단지 내 고령 거주자를 지원할 뿐 아니라 단지와 인근 주거지를 하나의 통합 지역으로 묶는 데도 도움이 되도록 하였다. 녹지와 보행로를 연계하여 물리적 공간의 통합을 시도하였다. 공원과 보행로는 고령자의 이동을 고려하여 배리어프리 디자인을 적용하였고, 사이사이 휴게 장소와 운동 시설을 두었다.[10]

재건축의 가장 큰 특징은 UR이 추진한 지역의료 복지거점의 시범단지로 2014년에 연 '지역의료 복지거점 센터'와 24시간 재택 케어가 가능한 거점형 고령자 주택의 공급과 운영이다.[11]

도요시키다이 프로젝트 : Aging in Place

도요시키다이 단지 재구성은 단지 건축의 문제만은 아니었다. 고령화가 진행된 지역 특성을 고려하여 이들의 삶의 문제까지 고려하여 다양한 분야를 포괄하는 재구성이 필요했다.

2004년 처음 재건축을 시작한 후 고령화로 인한 다양한 문제를 해결하기 위하여 2009년 UR과 가시와 시 그리고 도쿄대 카시와노바 캠

---

10. 서유진, 『도시재생에 있어 Aging in Place를 위한 고령자 서비스 주거 연구』, 서울대학교 대학원 박사학위 논문, 2018년 2월
11. 양혜원, 『지역 기반 고령 친화 정주 환경 조성 방안에 관한 연구』, 제주대학교 대학원 박사학위 논문, 2023년 6월

퍼스[12]의 고령사회종합연구기구(이하 도쿄대 IOG)[13]는 공동으로 '고령사회종합연구회'를 발족시켜 고령자를 위한 마을 만들기에 나섰다. 2010년 5월에는 3자 협정을 맺고 지역 자치단체, 비영리 단체 등에 협력을 요청하고 설명회 등을 개최하면서 본격적으로 프로젝트가 시작되었다. 프로젝트 이름은 '도요시키다이 프로젝트 : Aging in Place'다. 재건축 사업으로 주거환경 개선 및 시설 유치는 UR이, 연구기관으로 실증 실험 및 정책 제언은 도쿄대가, 지자체로 복지 정책의 입안이나 추진은 가시와 시가 담당하는 이른바 '산학관 제휴'에 따라 프로젝트가 진행되었다.[14]

단지에서는 '장수 사회를 위한 마을 만들기'를 목표로 ① 노인이 정든 지역에서 친숙한 이들에게 의지하면서 마지막까지 집에서 살 수 있는 체제 만들기 ② 고령자의 건강하고 활기찬 생활을 위한 시니어 일자리 및 커뮤니티 연대 기회 조성이라는 2개 사업 목표를 기치로 10여 년이 넘는 장기 프로젝트를 추진해 왔다.[15]

고령자 마을 실현을 위해서는 두 가지 문제가 있었다. 하나는 병상 수다. 가시와 시는 전국 평균과 비교해 인구당 병상 수는 적고, 병상 가동률은 높았다. 고령화에 따라 2030년경에는 입원 환자가 1.4배 증가할 것으로 예상되어 병상 부족이 심각해질 것으로 전망되었다. 또 다른 문제는 주민과 지역과의 관계다. 가시와 시에는 도쿄에 직장을

---

12. 단지로부터 5Km 정도 떨어져 있음
13. 도쿄대 고령사회종합연구기구 Institite of Gerontology, University of Tokyo는 2009년 설립되어 '개인의 노화'와 '지역사회'의 양면적 문제들을 해결하기 위해 학제적, 실천적인 종합적 지식체계를 창출하고, 분야 간 횡단형 및 과제 해결형 실증 연구에 의해 새로운 지식과 기술을 지역 사회에 환원하는 연구기구
　(출처 : www.iog.u-tokyo.ac.jp/)
14. 김재경「초고령화 시대 노인 돌봄의 답을 찾다(3) 일본의 공동체 차원 돌봄 사례」『경남신문』2019.8.1
15. 양혜원『지역 기반 고령 친화 정주 환경 조성 방안에 관한 연구』제주대학교 대학원 박사학위 논문 2023년 6월

둔 사람이 많아 지역친밀도가 낮은 편이었다. 이런 사람들이 정년을 맞아 정작 지역에 정착하려 할 때, 지역에서 고립될 수 있다는 우려가 제기되었다.[16] 이에 대한 대책으로 지역포괄케어 시스템의 구현과 보람 있는 취업의 실현을 설정하였다.

연구회는 '재택의료위원회' '사람과사람위원회' '주거이동위원회' 3개의 분과 위원회를 두어 각각 재택의료, 고령자의 취업, 주거에 대해서 연구 활동을 시작하였다. 연구회의 공동 목표로 ① 언제까지나 재택생활을 할 수 있고 걱정 없이 생활할 수 있는 마을 ② 언제까지나 건강하게 활동할 수 있는 마을, 두 가지로 정하고 이를 실현하기 위한 방안들을 모색했다([그림 4]).[17]

[그림 4] 연구회의 공동 목표, 방침, 방안

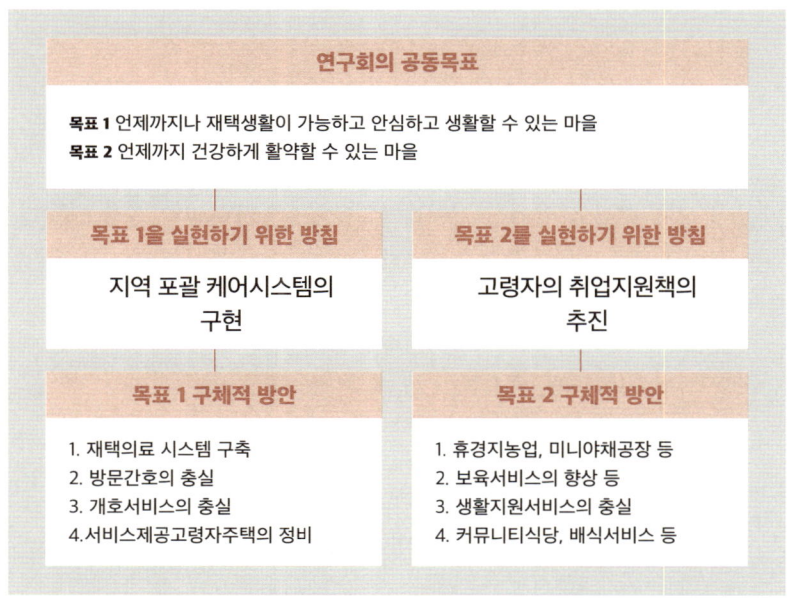

16. 「일본의 커뮤니티 케어 추진과 사례」『의료&복지뉴스』 2018.5.15
17. 이용근 「고령사회 있어서의 지역계획 및 연구에 관한 해외 선진국 동향」 한국과학기술정보연구원 2015.5.20

언제까지나 자택에서 안심하고 생활할 수 있는 마을을 만들기 위해서 지역포괄케어 시스템과 재택의료 체계를 구축하는 한편 고령자들의 세컨드 라이프 지원 사업을 추진하였다.

지역포괄케어 시스템의 구체화를 위한 세부사항은 ① 재택의료 시스템 구축 ② 방문간호의 충실 ③ 개호 서비스의 충실 ④ 서비스 제공하는 고령자 주택의 정비 등이었다. 고령자 취업 지원 구체 방안은 ① 휴경지 농업, 미니 야채 공장 및 옥상농원 ② 보육 서비스의 향상, 육아 지원센터의 창설 등 ③ 생활 지원 서비스의 충실 ④ 커뮤니티 식당 및 배식 서비스 실시 등 지역의 식생활을 지원하는 서비스 제공 등이었다.[18]

지역포괄케어 시스템의 구축

가시와 시 지역포괄케어 시스템의 가장 큰 특징은 재택의료 서비스다. 가시와 시는 2025년 초고령화 시대가 되면 입원 환자의 증가에 따른 병실 부족이 심각해질 것이라 예측하고 상당한 위기감을 느꼈다. 사람들의 의식 또한 크게 변해서 시설보다 자택에서 요양하고 싶다는 주민들이 60%를 넘었다.

시는 지역 의사회의 협조를 구하고 방문간호사, 물리치료사, 작업치료사, 치과의사 및 케어매니저 등 다른 직종과의 연계도 추진하였다. 의사회가 중심이 되어 의료, 개호에 관련된 여러 직종 종사자들의 단체 결성을 주도하였고, 시가 코디네이터 역할을 담당하여 지역포괄케

---

18. 이용근 「고령사회 있어서의 지역계획 및 연구에 관한 해외 선진국 동향」 한국과학기술정보연구원 2015.5.20

어 시스템을 만들어나갔다. 시의 코디네이션에 의해 시 전체를 망라하는 의료, 개호 직종의 다양한 단체가 참가하였고, 각 직종 또는 단체의 분절적 서비스 제공이 아닌 더 포괄적이고 통합적인 서비스를 제공 할 수 있는 시스템의 만들기가 가능하였다.[19]

그 결과 2010년 재택요양지원진료소(재지진)가 14곳이었던 것이 2012년에는 20개소, 2016년에는 32개소까지 증가한다. 방문간호 스테이션은 2011년 11개에서 2016년에는 27개까지 증가한다. 방문간호 스테이션의 확충이 대규모로 진행되어 야간 대응의 질이 더욱 높아지는 선순환이 생겨났다. 재택요양이 가능해진 결과 집에서 생활하면서 의료 또는 개호 서비스를 받는 비율이 압도적으로 늘어났다. 2010년에 가시와 시내의 의사가 재택의료를 수행한 비율이 50% 미만이었지만, 이후 매년 증가하여 2014년에는 80% 이상이 되었다. 지역 의사의 도움으로 정든 장소에서 생을 마감할 수 있는 체제가 갖춰진 것이다.[20]

방문진료를 원활히 하기 위해 가까운 병원과 진료소의 의사들로 주치의와 부주치의를 두고 이들을 중심으로 의료, 개호, 간호 스텝이 팀을 이뤄서 ICT를 통해 정보를 공유하면서 24시간 재택 요양자를 돌보는 시스템을 구축했다. 시내 소재 10개 병원이 순번을 정해 순환 근무를 진행한다. 지역 의사회를 비롯한 다양한 단체들로 이뤄진 의료 워킹그룹, 실행 워킹그룹, 연계 워킹그룹들이 이룬 성과다. 일본 정부는 가시와 시의 사례를 「개호보험법」에 적용해 2018년까지 모든 지자체에서 의무적으로 실시하도록 규정했다.[21]

19. 이용근 「고령사회 있어서의 지역계획 및 연구에 관한 해외 선진국 동향」 한국과학기술정보연구원 2015.5.20
20. 「일본의 커뮤니티 케어 추진과 사례」 『의료&복지뉴스』, 2018.5.15
21. 안신숙, 「오래된 임대아파트 단지가 초고령화 시대 맞춤형 마을로」, 희망제작소, 2016.7.15.(https://

지역포괄케어 시스템을 위해서는 의료뿐만 아니라 개호 서비스와 연계도 필요하다. 가시와 시 의사회는 '재택의료 다직종 연계 연수회'를 개최하여, 재택의료의 역할과 목표 등을 공유하는 등 지역포괄케어 서비스를 구체화하기 위해 노력했다.

간호사 수가 절대적으로 부족한 일본에서 방문간호 서비스 내실을 위한 과제 중 하나는 간호 인력의 확보다. 가시와 시에서는 간호사 복직 페스티벌을 개최하여, 육아 등으로 휴직한 후 복직하지 않은 간호사를 상대로 현재의 의료 상황, 기술 등을 재교육하여 간호사 인력 확보에 주력하였다.[22]

지역의료 연계센터

2014년 가시와 시는 단지 안에 지역포괄케어 시스템의 거점 시설로 지역의료 연계센터를 설립했다. 시가 토지를 제공하고 건축은 기부에 의해 이루어졌는데 가시와 시 의사회, 치과의사회, 약사회가 공동으로 참여하였다.

지역의료 연계센터는 퇴원 전부터 케어매니저가 환자 본인이나 가족으로부터 상담을 받아 방문 의사나 관계 기관에 연결하는 등 대응을 한다. 가시와 시내 병원 간 회의를 통해 재택의료 지원과 병원 퇴원 이후 지역사회로 돌아가는 방법 등에 대한 논의도 병행한다.[23] 의료, 개

---

www.makehope.org/)
22. 이용근, 「고령사회 있어서의 지역계획 및 연구에 관한 해외 선진국 동향」, 한국과학기술정보연구원, 2015.5.20
23. 권정현, 「초고령사회를 대비하는 돌봄 요양 서비스, 세션3 돌봄 요양 및 건강 관리」, 선진국형 서비스 산업 발전 방향, 정책토론회 발표 자료

지역포괄케어 시스템의 거점 시설로 설립된 지역의료 연계센터[24]

호, 간호 등에 관한 포괄적 조정, 주치의, 부주치의 연수, 시민 상담 등도 실시한다. 가시와 시 복지정책과의 재택의료 담당 부서는 아예 지역의료 연계센터로 이전하여 지역에 더욱 밀착한 의료와 복지 서비스를 제공한다.[25]

이곳에는 단지 입주민뿐만 아니라 다른 지역주민의 발길도 이어진다. 대부분 암 등의 질병으로 병원에서 입원 치료를 받은 후 재택요양

24. UR 都市機構 2017. 12. (김선희, 김명한, 김재호 「일본의 지역의료 복지거점 시책 및 주요 사례, 해외동향 해외리포트 84」 『국토』 제433호 2017.11)
25. 이용근, 「고령사회 있어서의 지역계획 및 연구에 관한 해외 선진국 동향」, 한국과학기술정보연구원, 2015.5.20

을 필요로 하는 사람들이다. 이들은 케어매니저와 맞춤형 케어 플랜을 작성하고, 주치의, 부주치의, 치과의사, 방문간호사, 기능훈련사, 영양사, 개호요양사, 약제사 등으로부터 종합적인 재택요양 생활 서비스를 받는다.[26]

개호거점과 고령자 주택

의료 거점인 지역의료 연계센터의 정비와 함께 개호거점의 정비도 이루어진다. 2014년 5월 단지 중심부에 복합개호 서비스 거점을 건설하는데 핵심은 24시간 개호 서비스가 제공되는 고령자 주택이다. 다음 사진에서 보듯이 고층부에 105개(최상부 자립동 33호, 중층부 개호동 72호)의 객실[27]을 갖춘 고령자 주택을 배치하여 고령의 저소득자들이 계속 거주할 수 있도록 지원하였다. 저층부에는 고령자를 위한 그룹홈, 소규모 다기능 거택개호 시설, 방문개호 서비스, 방문간호 시설, 재택의료지원진료소, 약국, 지역포괄지원센터 등을 배치하였다. 다직종의 의료진들과 헬퍼들이 24시간 상주하며 재택 요양자들을 돌본다.[28]

이런 복합시설이 있어 이용자는 자신이 원하는 시설 및 서비스를 자신이 거주하는 곳에서 쉽게 접근하고, 개호에 대한 정보도 쉽게 접하게 되었다. 이러한 시스템은 'Aging in place'를 실현하는 데 크게 기여한다고 평가받는다.[29]

26. 안신숙, 「오래된 임대아파트 단지가 초고령화 시대 맞춤형 마을로」, 희망제작소, 2016.7.15.(https://www.makehope.org/)
27. 2015년경 월 임대료는 66,000-182,000엔 정도였다.
28. 안신숙 「오래된 임대아파트 단지가 초고령화 시대 맞춤형 마을로」 희망제작소 2016.7.15 https://www.makehope.org/
29. 이용근, 「고령사회 있어서의 지역계획 및 연구에 관한 해외 선진국 동향」, 한국과학기술정보연구원,

개호거점의 각 층 구성 29

가시와 시 노쇠화 예방 프로젝트 2025

가시와 시의 고령자에 대한 다양한 사업을 통해 가시와 시 내 코호트 연구(가시와 스터디)를 추진할 뿐만 아니라, 고령자 관련 자료 축적 및 노쇠화 양상, 원인 분석 연구 결과를 바탕으로 정책의 실효성 확인 및 개호 예방의 조기 대응 정책 수립에 반영하기 위한 노력을 지속하였다.30

2015.5.20
30. 이용근 「고령사회에 있어서 지역계획 및 연구에 관한 해외 선진국 동향」 한국과학기술정보연구원 2015.5.20

'가시와 시 노쇠화 예방 프로젝트 2025'는 노쇠화 예방을 위해 초기부터 포괄적 접근을 통해 건강한 생활을 영위하는 지역 구축을 목표로 한다. 시민의 자발적 참여를 통한 건강 체크를 바탕으로 개인 수준에서 건강 관리에 대한 경각심을 일깨우고 일상생활에서 건강 관리를 지속하도록 하는 실험 프로젝트다. '혼밥'이 노쇠화에 영향을 미친다는 점을 가시와 시내 거주자 대상 연구를 통해 파악하고 이러한 증거들을 기반으로 독거노인 혼밥 방지, 지역 내 같이 밥 먹기 등 다양한 사업을 시행하였다.[31]

개호예방은 '허약 Frailty 예방'으로 도쿄대학의 한 교수가 65세 이상 시민 대상으로 조사를 실시한 결과를 가지고 개발한 체크 리스트를 활용한다. 자원봉사자를 모집해 시민 서포터를 양성하여 이들로 하여금 평가도 하고 예방 활동도 수행하도록 독려한다.[32]

정보시스템의 구축

가시와 시에서는 의료와 개호에 관련된 여러 사업자가 환자의 상황이나 최근의 정보 등을 실시간으로 공유하고 검색할 수 있는 시스템을 정비하였다. 의료 부분은 진료소, 병원, 응급실, 약국, 재활치료, 방문간호, 주치의로 구성되며, 정보시스템의 구축으로 환자에 대한 다른 병원의 처방을 확인하여 중복 처방을 예방할 수 있게 되었고, 응급실에서는 환자의 최근 상황 확인이 가능하게 되어 병상 확보 등이 용

---

31. 권정현, 「초고령사회를 대비하는 돌봄 요양 서비스, 세션3 돌봄 요양 및 건강 관리」, 선진국형 서비스 산업 발전 방향 정책토론회 발표 자료
32. 「일본의 커뮤니티 케어 추진과 사례」『의료&복지뉴스』 2018.5.15

이해졌다. 또한 방문간호사가 재택 환자를 방문하여 바이탈 사인 등의 변화가 있으면 의사에게 바로 보고하도록 하여 양질의 의료 서비스 제공이 가능해졌다.[33]

개호 서비스 분야는 지역포괄지원센터, 거택개호 지원, 방문개호, 방문입욕개호, 주간보호 서비스, 단기입소 시설 등으로 구성되며, 일상적인 개호를 행하면서 환자의 신체적 변화를 관찰하고 정보를 공유한다. 이와 같은 정보의 공유로 인하여, 의료 서비스 쪽에서는 환자의 상태 변화를 더욱 자세하게 파악하게 되고, 결과적으로는 환자에게 양질의 의료 서비스를 제공하게 되었다. 이 같은 정보시스템은 컴퓨터나 태블릿 단말기를 이용하여 의료와 개호의 관계자들이 실시간으로 정보를 공유하게 해준다.[34]

'삶의 보람을 느끼는 일자리' 실현

도요시키다이 단지의 또 하나의 캐치프레이즈는 '삶의 보람을 느끼는 일자리' 실현이다. 단지 생계유지를 위한다기보다 고령자의 취미나 경험을 살릴 수 있는 일자리를 의미한다.

단카이 세대의 퇴직으로 건강한 고령자가 급증하였지만, 이들이 퇴직 후 지역에서 활동할 수 있는 여건은 충분하지 않았다. 이들이 건강하게 생활할 수 있는 지역사회를 만드는 것 역시 또 다른 과제였다. 고령자들이 삶의 보람을 찾을 수 있는 새로운 일자리 모델을 창출하여

---

33. 이용근 「고령사회 있어서의 지역계획 및 연구에 관한 해외 선진국 동향」 한국과학기술정보연구원 2015.5.20
34. 이용근 「고령사회 있어서의 지역계획 및 연구에 관한 해외 선진국 동향」 한국과학기술정보연구원, 2015.5.20

그동안 지역사회에 아무런 연고가 없던 퇴직자들도 지역사회에 참여할 수 있는 통로를 만들었다.

은퇴자를 위해서 지역에서 어떤 방식으로든 지식과 경험을 살려 활동하도록 하는 방법의 하나로 '보람 취업'을 진행했다. 도시의 실버 인재 센터와 연계하거나 작업 코디네이터를 새로 배치하여 본인과 사업자 모두의 희망에 맞는 매칭을 실시한다. 이를 더욱 발전시켜 취업뿐만 아니라 자원봉사나 취미 등의 지역 활동 정보도 함께 제공, 노인 일자리 개척과 상담 창구 업무도 겸한다.[35]

연구회서는 지역에서 건강한 고령자가 자신의 라이프 스타일에 맞게 일할 수 있게 여러 방안을 제시하였다. 이러한 시도를 '이키가이슈로生きがい就労'라 하였는데, '삶의 보람을 얻을 수 있는 직업'이라 부를 수 있을 것이다. 즉 종전의 직업이 일정 이상의 수입이 보장되어 생활을 영위하기 위한 것이 가장 큰 목적이라면, 이키가이슈로는 직업과 자원봉사의 중간 형태로, 급여는 적으나 자기 삶의 스타일에 맞추어 시간 등을 선택하고, 지역사회에 공헌한다는 심리적인 보상으로 만족감을 얻는 직업 형태다.[36]

현재 이키가이슈로는 대략 4개 분야(농업, 생활, 보육, 복지)의 8개 사업으로 진행 중이다. 세부 사업 분야는 ① 도시형 농업 ② 유닛형 식물재배 ③ 옥상농원 ④ 커뮤니티 식당 ⑤ 학동 보육 ⑥ 보육 및 육아 지원 ⑦ 생활 지원 ⑧ 복지 서비스다. 고령자들의 적극적인 참여로 농업, 육아, 생활 지원, 먹거리, 복지 분야의 지역 생활 서비스와 고령자들이 즐

---

35. 「일본의 커뮤니티 케어 추진과 사례」 『의료&복지뉴스』, 2018.5.15
36. 이용근, 「고령사회 있어서의 지역계획 및 연구에 관한 해외 선진국 동향」, 한국과학기술정보연구원, 2015.5.20

겹게 지역에 공헌하는 근로 방식을 창출해 냈다. 이는 지역 어린이 집 등에서의 육아 취업, 특별양호노인홈에서의 생활 지원 취업 등까지 다양한 역할로 확대되었다. 이 또한 도쿄대 IOG의 실증 연구 분야의 하나로 '고령자의 건강하고 활기찬 커뮤니티 연대' 구현을 지향한다.[37]

무리하지 않는 범위에서 일한다는 관점에서 워크 셰어링Work Sharing도 진지하게 고려하였다. 이를테면 요양시설에서 기존에 두 사람이 하던 일을 고령자 6명이 한 팀이 되어 분담해 맡는 식이다. 한 예로 매일 오전 7-9시 조식 보조업무는 2-3명이 근무하고 나머지 팀원은 자택에 대기하면서 몸 상태가 좋지 않은 팀원과 교대한다. 6명이 서로 사정을 맞춰가면서 근무하면 1개월 휴가도 가능하다. 시급은 800엔 정도로 조식 보조는 월 평균 수입이 1인당 2만-3만 엔이라고 한다. 많은 돈은 아니지만 가벼운 노동으로 경제적으로 보탬도 된다. 요양원 측에서는 고령자를 파트타임으로 고용함으로써 정규직 사원이 좀 더 전문적인 일에 집중할 수 있어 전체적인 근로환경이 좋아진다고 평가한다. 일자리 종류는 현역 시절 능력과 경험을 살리고 동시에 지역 과제를 해결하는 분야에 집중되었다.[38]

도쿄대는 고령자들의 취업 알선, 취업 코칭과 관련한 강좌를 열어 삶의 보람을 느끼는 일자리를 찾으려는 노인들을 지원한다.

---

37. 양혜원, 「지역 기반 고령 친화 정주 환경 조성 방안에 관한 연구」, 제주대학교 대학원 박사학위 논문, 2023년 6월
38. 김웅철, 「가시와市의 야심찬 도전, '고령자 유토피아' 건설」, 『매경프리이엄』, 2017.6.16

농업 분야 일자리

고령자 일자리 창출을 위해 가장 먼저 눈을 돌린 곳이 시내에 있는 경작 포기지와 휴경지였다. 이 사업을 진행하기 앞서 2011년 시내에 위치한 7곳의 농가가 마음을 모아 '가시와 농원 유한사업조합'을 탄생시켰다. 조합원 농가들은 고령자들을 고용하여 체험농장 사업, 관광농장 사업, 농산물 가공 사업 등 농업 규모를 확대하였다.[39] 부족한 농지는 단지 옥상에 텃밭을 조성하여 보충하였는데, 휠체어 사용 고령자도 일할 수 있도록 환경을 조성했다. 고령자들은 이곳에서 채소와 과일을 재배한다. 여기서 수확한 농작물 또는 가공품의 판매 사업에도 참여한다.

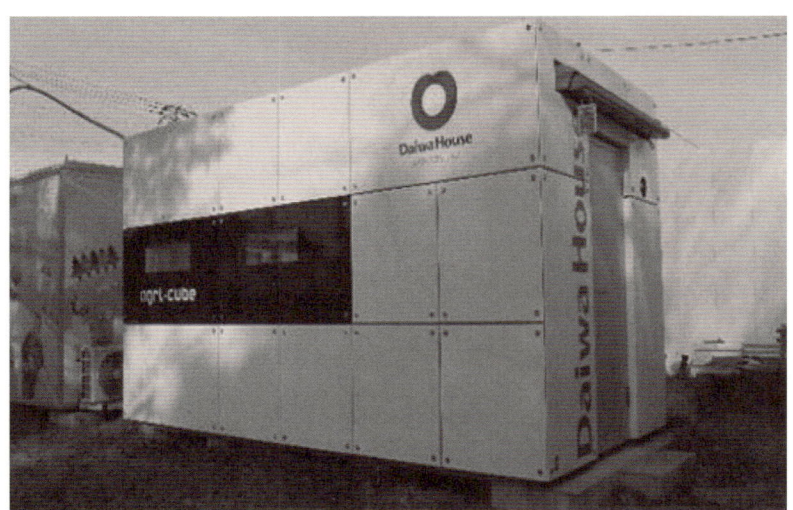

유닛형 식물재배기

39. 안신숙, 「오래된 임대아파트 단지가 초고령화 시대 맞춤형 마을로」, 희망제작소, 2016.7.15.(https://www.makehope.org/)

2013년에는 단지 한켠에 '식물재배 유닛'을 마련했다. 유닛형 식물재배는 도쿄대 고령사회종합연구기구의 연구 사업으로 민간 기업이 기부한 컨테이너형 식물재배 유닛을 단지 내에 배치하여 시범 운영하였다.

커뮤니티 식당

2017년 오픈한 '커뮤니티 식당'은 고령자의 결식 방지는 물론 시니어 일자리 창출 공간으로서 복합기능을 수행한다. 함께 음식을 먹으면서 커뮤니티 증진을 도모한다. 이곳에서는 대략 50여 명의 고령자들이 일한다.[40]

도요시키다이 단지의 커뮤니티 식당

40. 김선희, 김명한, 김재호, 「일본의 지역의료 복지거점 시책 및 주요 사례, 해외동향 해외리포트 84」 『국토』 제433호, 2017.11

보육 관련 일자리

아이 보육은 맞벌이 세대의 아이, 주로 초등학생을 보육하는 시스템으로 고령자의 취업으로 다세대 교류가 가능해졌다. 보육 및 육아 지원은 단지 내에서 보육 시설을 운영하는 학교 법인 등에 의해 운영된다.

아이들을 학교에서 안전하게 귀가시키거나 학원에 바래다주는 서비스도 이곳 고령자들의 몫이다. 여성의 사회 참여가 늘어나면서 방과 후 보육에 대한 수요가 증가하였다. 방과 후 보육 사업 또한 고령자들의 취업의 장으로 주목받는다. 가시와 시는 시에서 운영하는 방과 후 보육 교실의 보조 교사로 고령자들을 채용하였다. 가시와 역 앞에 '넥스트'라는 방과 후 학교를 민간에 위탁하여 운영하는데 오랫동안 해외 근무를 했던 퇴직자가 이곳에서 아이들에게 영어 회화를 가르치고, 퇴직한 기술자는 로봇 만들기를 가르치기도 한다. 고령자들이 다양한 직종에서 오랜 세월 쌓아온 지식과 경험을 살려 지역 아이들을 교육하는 것이다.[41]

복지 관련 일자리

생활 지원은 건강한 고령자가 도움이 필요한 고령자에게 서비스를 제공하는데 회사가 고령자를 고용하는 방식으로 이루어진다. 복지 서

---

41. 안신숙 「오래된 임대아파트 단지가 초고령화 시대 맞춤형 마을로」 희망제작소 2016.7.15 https://www.makehope.org/

비스는 단지 내 특별양호노인홈 등이 고용자로 참여한다.[42] 24시간 개호센터 등에서도 건강한 고령자들이 몸이 불편한 고령자들의 생활을 돕는다. 노인이 노인을 돌보는 이른바 '노노老老 케어'의 현장이다. 이 밖에도 사회복지협의회, 자치회, 24시간 개호 스테이션에서 건강한 고령자들이 몸이 불편한 고령자들의 생활을 돕는다.[43]

일자리 사업의 성공 요인

'삶의 보람 취업 사업'이 성과를 거두게 된 것은 학습 활동과 연계하여 취업 사업을 전개했기 때문이다. 이는 단지 일자리 발굴뿐만 아니라 취업을 희망하는 고령자를 모집하는 활동을 적극적으로 추진하였기에 가능했다. 사업 초기에는 주로 기존의 동아리나 자원봉사 단체 등에 연락하여 소개받는 방식으로 고령자를 모집하였다. 새로운 사회 참여의 기회를 찾는 고령자를 발굴하는 것이 세컨드 라이프 사업 목적에 부합한다는 판단에 지역주민을 위한 '취업 세미나'를 직접 개최하여 취업과 연결하는 활동을 전개한다. 세미나는 주로 '세컨드 라이프에 있어 새로운 업무 방식'과 같이 퇴직 후 취업의 의미와 효과에 관한 주제를 다루었다. 세미나가 끝난 후에는 고령자의 취업 현황에 관해 설명한 뒤 각 분야 사업체에 관해 소개하고 참가자 간 그룹 토론을 실시하거나 사업체 정보를 제공하여 직접 체험할 수 있게 하였다. 이렇듯 '삶의 보람 취업 사업'은 세미나에 참여한 고령자가 고령자 노동시

---

42. leeyonggeun.com
43. 안신숙 「오래된 임대아파트 단지가 초고령화 시대 맞춤형 마을로」 희망제작소 2016.7.15 https://www.makehope.org/

장의 전반적인 상황을 파악하고 은퇴 후 일자리에 대한 마음가짐을 다시 가다듬는 기회를 제공한다. 사업자에 대한 정보를 제공하여 취업까지 이어지는 일련의 과정을 통해 고령자들을 적극적으로 취업과 연계시킨다.[44]

이 사업의 성공 요인 중 하나가 고령자와 사업자를 연결해 준 중간 조직의 존재다. 지자체와 UR, 대학 연구소가 참여하여 구성한 '전체 사업 총괄 조직'이 주민과 사업자를 대상으로 네트워크를 구축하고 상호 간의 정보를 제공하는 것 말고도 고령자 및 주민과의 상담을 진행하고 사업 전반의 코디네이터 및 운영 지원, 지역 내 교류 촉진과 연구 등의 다양한 역할을 담당하였다. 또 다른 성공 요인을 꼽자면 일자리 나누기를 통한 업무 방식을 들 수 있는데 아동의 보육과 생활 지원을 제외한 사업에서 '일자리 나누기' 방식을 채용하였다. 이것은 각각의 업무에 대해 여러 명의 관계자가 서로의 상황이나 사정을 상담하면서 일하는 방식이다. 즉 일자리 나누기를 통해 업무를 분산시켜 참가자 개인이 가능한 무리 없이 일하는 방식으로 고령자 간 교류를 깊게 하고 고령자 간병 시 예기치 않은 상황에도 대처하도록 했다고 평가한다.[45]

고령 세대의 문제 해결에 있어 취업, 개호, 복지, 의료 등 각각 분리된 분야별로 접근한 것이 아니라 이것들을 생활 문제로 묶어 포괄적인 시스템의 작동에 기반해 주거지역을 중심으로 개호, 생활보호, 육아, 취업 등의 문제에 구체적으로 접근하였다는 점이 본 사업의 가장 큰 특징이다. 후기 고령자들의 생활보호를 위해 정비하는 지역포괄케어 시스템의 물적, 제도적 자원에 기반하여 초기 고령자들의 사회 참여를

---

44. 서울시50플러스재단 「50+ 해외동향 리포트 2017」 2017.12.5
45. 서울시50플러스재단 「50+ 해외동향 리포트 2017」 2017.12.5

자연스럽게 이루어 냈으며 이들의 사회 참여가 육아 및 방과 후 활동으로도 연계되어 진정한 다세대 간 교류를 만들어내는 장이 되었다.[46]

가시와 시는 도쿄대학 캠퍼스가 자리한 중소 도시로 민관학 협력이 용이했던 점과 경제적으로 상당히 안정된 도쿄 인근의 베드타운이라는 점 그리고 의욕적인 지자체 공무원의 역할이 더해져 프로젝트가 성과를 거두었다. 또한 2009년부터 계획하고 실행한 프로젝트로 이미 장기간에 걸쳐 지속적으로 운영되었다. 전체 시스템을 한꺼번에 구축한 게 아니고 초기에는 의사들을 중심으로 재택의료가 가능하도록 하는 체계를 구성하고 이후 단계적으로 진행한 프로젝트다. 도쿄 인근의 도시 지역에서 진행한 사례로 농촌 등 인구 규모가 작고 노인 인구 비중이 더 높은 지역은 그 지역의 특성에 맞는 접근이 필요하다.[47]

---

46. 서울시50플러스재단 「50+ 해외동향 리포트 2017」 2017.12.5
47. 권정현 「초고령사회를 대비하는 돌봄 요양 서비스, 세션3 돌봄 요양 및 건강 관리」 선진국형 서비스산업 발전 방향 정책토론회 발표 자료

맺는글

우리는 어떻게 할 것인가

　일본은 세계 최고 고령화사회다. 이에 대응하기 위해 지역포괄케어 시스템을 추진하고, 집으로 찾아가는 재택의료 체계를 비교적 촘촘하게 구성했다. 개호보험은 고령자에 필요한 의료 서비스도 제공한다. 돌봄과 의료 복합시설이 등장하고 한편으로 '돌보는 마을'이 등장하였다.

　살던 곳에서 살아가도록 제도를 갖추고 실행한 결과 노인병원이나 요양원 등 시설 입소 비율을 낮췄다. 불필요한 사회적 입원도 낮췄다.

　우리나라도 베이비 붐 세대가 노년기로 접어들면서 2024년 12월 초고령사회 진입하여 노인 1천만 명 시대를 맞이하게 되었다. 노인 1인 가구의 비율이 증가하고 노인 빈곤율, 노인 자살률이 높은 현실은 돌봄과 의료 준비 부족과 더불어 존엄한 고령의 삶에 대한 전망을 어둡게 한다.

정부는 수년 전부터 커뮤니티 케어 또는 지역사회 통합돌봄의 이름으로 여러 시범사업을 시행하였다. 수년간 시범사업만 진행하면서 본사업으로 넘어가지 못하는 일이 반복되었다. 본 사업에 대한 전망과 로드맵을 제시하지도 못했다. 구체적인 시행 일정까지 제시했다가 취소하는 일도 있었다.

지금 같은 상황이 계속된다면 앞으로 닥칠 다양한 위기에 적절하게 대응하기가 어렵다. 변화가 필요한 시기인 건 분명하다. 어떤 지향으로 어떤 전략을 가지고 무엇을 할 것인지 살펴볼 필요가 있어 정리해 본다.

정부의 정책 의지와 이를 실행할 총괄 컨트롤 타워가 필요

다양한 고령화 대책들이 제시되고 있으나 난맥상을 보여주는 게 현실이다. 비슷한 사업인데 부처마다 다른 이름을 달고 나오기도 하고 사업간 연계도 제대로 이루어지지 않는다. 재택의료 관련 사업들도 다양한 이름으로 각기 따로 진행되기도 한다. 그러다 보니 사업들이 쪼개지고 나누어져 개별화된다. 통합되지 못하고 장기적인 전망을 마련하지도 못했다.

그래서 범정부 차원의 긴밀한 공동 대처가 필요하다. 고령화 대책은 개별 부처의 노력만으로는 효과적으로 달성하기 어렵다. 관련 사업들을 총괄할 범정부 차원의 컨트롤 타워가 절실하다. 그래야 장기적인 전망 아래 효율적인 정책 수행이 가능할 것이다.

무엇보다 제도와 법률 보완이 필요하다. 의미 있는 사업들도 법적, 제도적 뒷받침이 안 되면 진척이 어려워진다. 컨트롤 타워 역할 중의 하나이다.

지방자치단체가 중심이 되어 지역사회의 역할을 높여야

고령자 돌봄에서 지방자치단체가 제 역할을 충분히 다 했다고 보기 어렵다. 지방정부의 의지도 문제지만 제도적 여건이 부족한 것도 원인으로 작용한다. 지방정부야말로 돌봄의 중요성과 필요성을 절실히 느낄 것이다. 우리나라는 중앙정부의 권한이 막강하다 보니 지방정부 차원에서 독자적인 사업을 진행할 때 제동이 걸리는 경우가 간혹 있다. 전체적인 제도 틀을 벗어나서 지역 간 불균형이 발생할 가능성이 있다는 게 중요한 이유이다.

재정이 충분하지 못해 사업을 추진하지 못하기도 한다. 돌봄 사업 요구도가 높은 지역이 전반적으로 재정자립도가 낮다. 사업을 담당한 전문인력이 부족하여 엄두를 못 내기도 한다. 재택의료를 하고 싶어도 지역에 이를 하고자 하는 의료인이 없으면 출발도 못한다.

지방정부의 리더십도 문제다. 지역에 산재해 있는 공공과 민간의 여러 자원을 연계하여 통합적인 지역사회 통합돌봄 모델을 만들어나가야 하는 데 그런 경험이 많지 않다는 게 한계이기도 하다.

재택의료 토대를 마련해야

재택의료를 포함한 지역사회 돌봄 인프라가 부실한 현실은 고령자들의 노인시설(노인병원과 요양원) 입소를 부추긴다. 여건이 좋은 시설이라면 초고령자 1인 주거보다 나은 생활이 가능할 수도 있겠는데 현실은 그렇지 않다. 1인 주거도 녹록지 않으나 시설 입소는 더 험난하기 때문이다. 지역사회 거주가 편안하고 수월해지려면 지역사회 의료와 돌봄 체계를 마련하는 게 우선이다.

재택의료 제도화가 시급하다. 정부는 수년째 시범사업만 진행하면서 본 사업에 대한 전망을 내놓지 않았다. 그리고 지금의 시범사업 방식도 실제 필요한 재택의료 수요를 충당하기에는 턱없이 부족하다.

재택의료를 수행할 인력 육성에도 힘써야 한다. 재택의료 교육을 위한 전문센터를 설립하고 다양한 커리큘럼을 마련해야 한다. 제도적 보완도 필요하다. 재택의료에서 중요한 분야의 하나인 간호 분야가 현재 가정간호와 방문간호로 나뉘어 있어 혼선을 일으킨다. 어떤 방식으로든 통합이 필요하며 간호사 인력 확보도 시급한 상황이다.

의료계의 관심과 참여가 필요

지역사회에서 재택의료를 진행하려 해도 참여할 의료진을 구하지 못하기도 한다. 의사들이 경험이 없어 익숙하지도 않을뿐더러 참여할 동기도 잘 못 느낀다. 어쩌다 관심이 있어도 참여할 통로도 없고 인센티브도 없다. 많은 시간과 노력을 들여야 하는데 보상이 따르지 않으면 지속 가능하지가 않다. 의사가 진료실을 비우고 환자가 있는 가정이나 시설로 찾아가도 경제적으로 손해 보지 않는다는 보장이 필요하다.

지역사회 의료계의 네트워크도 필요하다. 지역사회 가정이나 시설에 흩어져 있는 환자를 돌보는 일은 병원에서 환자를 돌보는 일보다 훨씬 더 복잡하고 어렵다. 한정된 인력으로 충분한 서비스를 제공하기 어렵다. 지역 단위로 네트워크를 구성해서 서로 보완하는 방식이 유리할 것이다.

의료와 요양의 연계

의료와 요양의 분절화에 대해 많이 얘기한다. 자세히 들여다보면 돌봄 분야에서 의료의 진입이 아주 부족한 형편이다. 돌봄은 주로 요양으로 뒷받침되고 의료의 토대는 아주 약하다. 고령자에게 의료와 요양은 동시에 요구되며 서로 섞여 엄격한 구분이 어렵기도 하다. 돌봄 분야에서 의료의 역할을 좀 더 확대하기 위한 제도적 뒷받침이 강력하게 요구된다. 그리고 의료, 요양, 복지 등 돌봄의 다양한 영역들이 자연스럽게 통합되어 포괄적인 서비스를 제공하도록 프레임이 짜여야 한다.

일본의 사례들을 보면 의료기관이 적극적으로 요양사업에 참여하여 의료와 요양 서비스를 통합적으로 제공하기도 한다. 반면 우리나라는 사례를 찾기 어려울 뿐만 아니라 제도적 제약으로 시도 자체가 어렵기도 하다. 지역사회 돌봄 인프라를 만들기 위해 적극적으로 검토해야 할 과제 중 하나이다.

노인장기요양보험과 건강보험의 문제

우리나라 노인장기요양보험은 일본의 개호보험을 참고로 하여 마련되었다. 그런데 중요한 부분에서 차이가 있다. 노인장기요양보험은 요양 서비스 중심으로 제공된다. 의료 서비스는 방문간호 분야가 가능하지만 현재 방문간호 서비스는 상당히 위축되어 있다. 방문간호를 제공하기 위한 인프라도 취약한데 이 서비스가 방문요양 등 다른 서비스와 경쟁해야 하는 상황에서 경쟁력을 확보하지 못했기 때문이다. 결국 노인장기요양보험는 요양 서비스를 제공하기 위한 보험으로 고착되었다.

반면 일본의 개호보험은 의료, 간호, 재활 등 재택의료 관련하여 전반적인 서비스를 보장한다. 재택의료와 요양 서비스를 포괄적으로 지원하는 체계를 갖췄다.

그렇다고 우리나라 건강보험이 요양 서비스 중심의 노인장기요양보험을 대신하여 다양한 재택의료 서비스를 지원하는 것도 아니다. 건강보험에서 지원한다는 것은 해당 서비스에 상응하는 보상 즉 수가를 책정하여 지불하는 것인데 우리나라는 수가 자체가 책정되어 있지 않다. 재택의료 활성화를 위해 전면적으로 검토해야 하는 사항이다.

재정 확보의 필요성

폭발적으로 증가하는 돌봄 관련 비용을 노인장기요양보험이나 건강보험으로 모두 충당하기 어렵다. 따라서 보험이 아닌 재정 즉 세금에 의한 지원이 필요하다. 중앙정부가 예산 마련을 위해 적극적으로 나서야 한다.

고령자 시설에 대한 고민이 따라야

불가피하게 시설에 들어가더라도 삶의 질을 보장할 수 있는 여건을 마련하는 게 초고령사회 대응 기본 전략이다. 지금은 어쩔 수 없이 시설에 들어간다는 분위기가 팽배하다. 가족의 돌봄을 기대하기 어려워 또는 가족에 부담을 주지 않기 위해 시설에 입소하는 당사자들이 많다.

시설은 그 자체로 훌륭한 대안이 되어야 한다. 사생활과 인권이 충분히 보장된다면 1인 가구로 어렵게 살아가는 현실보다 나은 삶을 보장할 것으로 보인다.

룩셈부르크, 네덜란드, 벨기에, 스웨덴, 스위스 등 유럽의 복지국가들은 우리보다 노인시설율이 높다. 이 나라들의 요양원은 우리와 개념 자체가 다르다. 요양원이어도 대개 1인실인 구조로 사생활이 보장되고 더 자유롭다. 돌봄 인력도 훨씬 더 많이 배치된다. 시설보다는 고령자에 적합하게 세팅된 주거 공간에 가깝다. 이들 국가의 고령자들은 오히려 시설 입소를 원하기도 한다. 시설이 더 편하고 안전하기 때문이다.

일본의 재택의료를 살피는 것은 현재 우리의 재택의료에 대한 전망을 찾기 위해서다. 일본은 우리보다 먼저 초고령사회를 맞아 자기만의 방식으로 지역사회 돌봄 체계를 만들어 왔다.

우리와 사회문화 배경이 다르고 의료나 요양 인프라의 특성이 달라 일본 방식을 우리 사회에 바로 끌어오는 데 한계가 있다. 일본 방식이 추구하는 바에 대한 충분한 이해를 통해 우리 여건에 맞게 변형된 방식으로 차용할 수도 있겠고 더 나은 새로운 방식을 시도해 봐도 좋을 것이다.

무엇보다 우리가 일본의 재택의료 역사와 현황을 살피면서 주의 깊게 보아야 하는 점은 고령화가 진행되면서 제기되는 문제들에 대해 일본이 어떻게 대응해 왔으며 그것이 실제 얼마나 유용했는지를 살피는 것이다.

아직도 제자리를 찾지 못한 우리나라의 재택의료 미래에 지난한 어려움이 예상된다.

보론

'일본 재택의료'에 대해 답하다[1]

_나가세 후미오

1. 지역포괄케어 시스템 전체적인 방향성에 대해 동의하십니까?

일본에서는 정든 집에서 생을 마치고 싶다 희망하는 사람이 통계상 55% 정도입니다. 그러나 실제 생을 마감하는 장소는 병원이 65%, 노인홈이 10%. 자택에서 끝까지 보낼 수 있는 사람은 17% 정도입니다.(그래도 자택에서 임종을 맞는 분이 조금씩 늘어났다고 봅니다.)

그런 면에서 지역포괄케어 시스템 자체는 '정든 지역(약 30분 권내)에서 의료·간호, 개호·재활, 보건·예방을 지역포괄지원센터를 축으로 의료 기관·재택·개호사업소·NPO 등이 연계하면서 종합적으로 해 나간다'는 이념에 기반하여 삶의 최후까지 자택에서 살아가는 것을 추진하는 시스템이므로 좋은 것이라 생각합니다.

---

1. 저자가 작성한 질문에 답하는 방식으로 기술하였고 황자혜가 옮김. 나가세 후미오는 전일본민주의료기관연합회(민의련) 사무국장과 공익재단법인 요도가와근로자후생협회 이사장 역임

지역포괄케어연구회, 〈화분도〉 2013

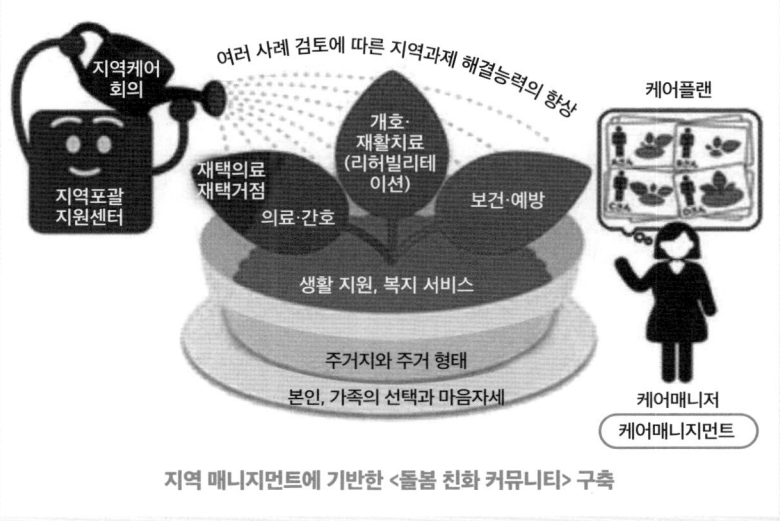

2. 그렇다면 지역 현장에서 느끼는 지역포괄케어 시스템의 문제점은 무엇입니까?

이러한 숭고한 이념을 내걸고 「개호보험법」에 근거해 출발한 지역포괄케어 시스템입니다만, 문제점은 다음과 같습니다.

첫째는 개호보험 도입(2000년)부터 개호사업에 영리 민간기업이 참가할 수 있도록 한 것입니다. 대표적으로 '컴슨사'가 있는데, TV 등을 활용해 대대적으로 홍보하고 전국적으로 사업을 전개했습니다만, 경영적으로 별로 메리트가 없단 것을 알고 재빨리 사업에서 손을 뗍니다.

둘째로 공적 보험 제도로서 발족했으나 40세부터 강제 징수, 공비 부담 삭감이 이루어집니다.

셋째 제도의 기조에 '자조, 호조, 공조'라는 '자기 책임론'이 깔려 있습니다. 제시된 그림의 화분 모델' 접시 부분에는 '본인·가족의 선택과 마음가짐'이라고 쓰여 있는데, 후생노동성의 외곽 조직인 「지역포괄케어 연구회 보고서」 2013년 판에는 본인과 가족의 선택과 마음가짐에 대한 설명이 이렇습니다. "항상 가족의 보살핌을 받으며 죽는 게 아니란 것을 각각의 주민이 이해한 상황에서 재택생활을 선택할 필요가 있다." 마치 "고독·고립사도 각오하라"고 말하는 듯합니다. '개호의 사회화'를 주장하지만 실제로는 제도의 후퇴로, 개호보험의 장벽을 높이고 있고 본인과 가족의 부담이 확대되었습니다.

이 제도는 '입원에서 재택으로' '의료에서 개호로' '개호에서 자원봉사로'라는 국가의 정책 유도로 진행되었는데, 병원은 평균 재원 일수

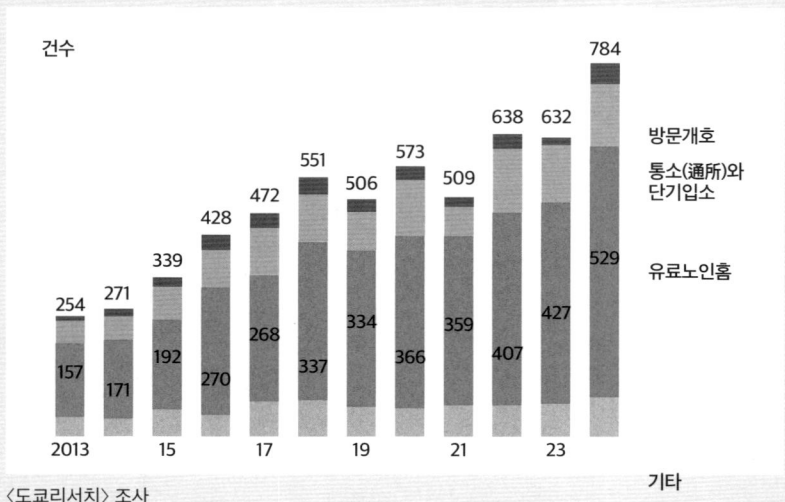

〈노인복지 개호사업〉의 도산과 휴폐업, 해산의 합계 및 연차추이

에 묶여, 의료수가 때문에 조기 퇴원시키도록 유도됩니다.

또한 점점 개호수가를 줄이고 있어 영세한 개호 사업소는 경영이 매우 어렵습니다. 도쿄 리서치의 조사 결과로 알 수 있듯이 2024년도에는 개호사업소 도산·폐업 최고 건수를 보여 줍니다.(사진 참조)

전국 1,700여 개의 지자체 중, 개호 헬퍼(요양보호사) 사업소가 한 곳도 없는 지자체가 107곳, 1개소밖에 없는 지자체가 272곳으로, 정작 개호 서비스가 필요한 사람들에게 가닿지 않고 있습니다. 또한 재택 생활을 지탱하는 개호 헬퍼가 압도적으로 부족하고, 개호가 필요한데 개호보험을 이용할 수 없는 상황입니다. 헬퍼가 없으면 당연히 자택에서 지내기에 장벽이 높아지고, 그 결과 개호 시설(노건·특별양호노인홈, 그룹홈, 유료 노인홈, 서비스형 고령자주택 등) 입소를 강요당하는 상황입니다.

일본에서 특히 '마지막 둥지'라 일컬어지는 특별양호노인홈은 완전히 부족하여, 입소 대기자가 넘쳐나는 실정이라, 고액인 유료 노인홈에 입소할 수밖에 없는 것이 현실입니다. 그런 점을 감안하면 시스템이 잘 기능하는 상황이라 할 수 없습니다.

3. 지역포괄지원센터를 위탁 운영하는 민의련 사업소가 많은지, 그것이 병원의 경영에 도움이 되는지요?

지역포괄지원센터는 전국에 약 5,400개소가 있으며, 그중 20%가 시정촌 운영으로 80%가 사회복지협의회, 사회복지법인 등에 위탁되었습니다. 지원센터는 다면적(제도 횡단적으로) 지원을 전개하는 것, 그러니까 상담자(이용자) 등을 행정기관, 보건소, 의료 기관, 아동상담소 등

전일본민의련 가맹 사업소 수(2023년 12월 현재)

구분	사업소 수
병원	143
유상진료소	11
무상진료소	468
치과 진료소	78
방문간호 스테이션	221
보험약국	346
약제·진료재료센터	33
간호·개호학교	8
검사센터	1
노인보건시설	50
개호의료원	2
재택개호지원센터	23
특별양호노인홈	38
침구소	3
연구소	2
헬퍼 스테이션	49
그룹홈	22
재택개호복지관계	211
케어하우스	11
기타	13
합계	1733

필요한 서비스에 연결하는 역할을 합니다.[2]

민의련이 운영하는 지역포괄지원센터는 2023년 12월 현재 23개소에 머무르고 있습니다. 좀처럼 자치체로부터 위탁되는 케이스는 없습니다.

민의련의 법인이 운영에 직접 관련하는 일은 없습니다만, 지역포괄

---

2. https://www.murc.jp/wp-content/uploads/2021/04/ koukai_200423_6.pdf

케어 시스템에서 가교 역할을 담당하고 있는 지역포괄지원센터와의 제휴는 강해지고 있습니다. 특히 어려운 사례의 환자 및 이용자에 관련한 서비스 제공 등의 상담이 많아, 힘든 상황이 되면 민의련의 의료기관이나 개호사업소로 연락해오기 때문에, 민의련이 '기댈 곳'이 되고 있다는 인상입니다. 법인의 경영에 직접 관련되는 것은 거의 없습니다.

4. 지역의료 구상의 의도나 정책 방향에 대해서, 일본 의료계의 반응은 어떻습니까?

일본의사회, 병원협회 등 주요 의료 관계 단체는 지역포괄케어 시스템에 찬성하는 입장입니다. 의료비 억제 정책에는 반대를 표명하고, 의료 수가나 개호 수가 인상, 국고 부담의 확대를 요구하고 있습니다만, 실제로는 정권 여당인 자민당 정권의 틀 안에서 시종 대응하고 있는 터라 한계가 있습니다. 2023년의 의료수가·개호수가 개정과 물가고 등으로 의료계 전체가 큰 타격을 받고 있어 (일본의 국립병원의 7할, 일본의 병원 65%가 적자 상태) 재개정을 요구하는 목소리가 높습니다.[3]

민의련(미니렌, 전일본민주의료기관연합회)과 보단련(호단렌, 전국보험의단체연합회, 10만 명의 개업의, 치과의원 조직), 의노연(이로렌, 일본의료노동조합연합회)은 지역의료를 지키기 위해서 공적 의료 기관의 역할 확대, 절대적 의사 부족의 해소, 의료에 대한 국고 부담의 증대, 의료수가, 개호수가의 대폭 확대를 요구하며 정책 대안을 제시하고, 의료 단체 들에도 함

---

3. https://www.ajha.or.jp/voice/pdf/241118_6.pdf

께 할 것을 호소하고 있습니다.

실제로 최근 20년간 일본에서 진료보수라고 하는 의료수가 인상이 이루어진 것은 2009-2013년의 '콘크리트로부터 국민생활로'(건설을 중심으로 한 공공사업을 콘크리트란 단어로 대체, 사람, 생활을 중시해야 한다는 민주당의 공약 표어)를 내걸어 정권 교체한 민주당 정권 때뿐입니다.

5. 지역의료 구상을 추진하는 과정에서 실제 발생한 실질적인 문제는 어떤 것이 있습니까?

의료는 「의료법」상 비영리여야 해서 표면으로는 영리기업의 진입을 허용하지 않습니다. 그러나 실제로는 영리기업(혹은 은행자본)이 실질 오너인 의료법인이 적지 않게 존재합니다. 또한 경영의 유지, 환경보전을 목적으로 차액 병실료 징수나 혼합 진료를 확대해 환자 부담이 커지고 있습니다. 민의련은 혼합 진료에 반대하고, 민의련의 방침으로서 일체의 차액 병실료 징수를 실시하지 않기로 결정하고 실천합니다. 또한 환자 부담 경감책으로써 '무료 저액 진료 사업'을 실시하고 있습니다.

지역의료 구상은 47도도부현마다 지역 의료권 및 좀 더 작은 의료권(오사카에서는 오사카시, 호쿠세츠, 센슈, 가와치 등의 광역 의료권을 설정)마다에 각 기능별 필요 병상 수 등을 설정하고 그 실현을 위해 병원의 통폐합을 추진하는 것에 대하여 각지에서 반대 운동이 일어나고 있습니다. 일견 합리성이 있어 보입니다만, 공적 병원을 중심으로 한 병원의 통폐합으로 코로나 때나 이시가와 현 노토반도 지진 때는 기능 부전 상태에 빠져 지역의료 구상의 재검토를 요구하고 있습니다.
「공적의료는 어디로 가나_ 닥쳐오는 의료붕괴」, 유튜브 참조 바랍니다, 저도 조금 등장합니다.[4]

6. 현재 재택의료의 최대 문제점은 무엇이라고 생각합니까?

최대의 문제는 재원 부족입니다. 또한 개호 분야에서 영리를 목적으로 한 영리기업이 들어오고 있는 것입니다.

7. 민의련에서는 재택의료에 대해 특별한 입장을 가지고 있습니까?

"누구든지 마지막까지 정든 지역에서 안심하고 살 수 있도록" 하는 것을 이념으로 내건 민의련으로서, 재택이든 시설이든 환자, 가족이 바라는 요양 장소에서 임종하는 것이 최적이라고 생각합니다. 많은 이들이 재택을 희망합니다만, 실제로 재택에서 요양할 수 있는 조건은 노노 세대나 독거 세대의 증가와 의료 서비스나 개호 서비스의 조건 및 경제적인 조건상 곤란한 분이 적지 않습니다.
민의련에서는 최근 특히 재택의료에 주력하고 있습니다. 그러나, 재택 왕진뿐만이 아니라, 통소개호, 방문간호, 방문개호, 입원 등 총력이 필요하기에, 의료·개호의 복합체인 민의련의 강점을 발휘할 수 있다

---

4. 公的医療はどこへ行く～迫る医療崩壊～Yチューブ
https://www.youtube.com/watch?v=ylmg_uxm5ti

고 생각합니다. 이때 부족한 서비스는 민의련 외의 의료 기관과 개호 사업소와의 연계가 중요하다고 생각합니다.

특별양호노인홈은 적고, 반대로 유료 노인홈이나 서비스형 고령자 주택은 공적 시설이 적어 경제적으로 큰 부담이 됩니다. 실제로 부모를 고령자 시설에 입주시킨 것으로, 시설이용료 + 의료 · 개호보험 부담 등으로 25만 엔(약 250만 원) 이상을 부담해야 하니, 매월의 연금만으로는 매우 부족하고, 저축한 돈, 자산 매각, 자녀 등으로부터의 자금 원조로 메꿔 나가지 않을 수 없는 실정입니다.

제가 몸담은 요도협의 시설은 연금, 기초생활보호 등 저소득자도 들어갈 수 있는 요금체계를 목표로 합니다만, 그렇게 되면 경영적으로 큰 부담이 되어 개호 사업은 적자 상태가 계속되어 고민입니다. 덧붙여, 노인보건시설 (요도노사토)에서는 이용료를 낼 때 보험부담분(1할)을 감면하는 복지사업(무료 또는 저액 개호)을 실시하고 있습니다.

8. 일본의 개호보험 시설에서 개호의료원, 개호요양형 의료 시설이라고 하는 게 있습니다만 이것은 독립 시설입니까?

개호요양형 의료 시설은 이미 폐지가 정해졌고 그 대신 '개호의료원'이 창설되었습니다. 개호의료원이라 함은 고령자 (요개호 상태)의 장기 요양을 목적으로 한 시설입니다. 앞서 말씀드린 바와 같이 이분들은 병원 장기 입원이 불가능한데 퇴원 후 집에서도 생활할 수 없습니다. 그래서 개호의료원이 만들어졌다고 생각합니다. 병원과 개호 시설의 병용은 가능하다고 생각합니다만, 각각의 요건을 충족할 필요가 있습니다.(병원이기 때문에 인원 기준이 완화되지 않습니다.)

정부는 다음과 같은 정의를 합니다.

"개호의료원은, 요개호 고령자의 장기 요양이나 생활을 위한 시설입니다. 요개호자로 주로 장기간에 걸쳐 요양이 필요한 자에 대해서, 시설 서비스 계획에 근거하여, 요양상의 관리, 간호, 의학적 관리하에서 개호 및 기능 훈련 그 외 필요한 의료 및 일상생활상의 돌봄 실시를 목적으로 하는 시설입니다.

개호노인보건시설은, 요개호 고령자에게게 재활 등을 제공해, 재택 복귀, 재택 지원을 목표로 하는 시설입니다. 요개호자로 주로 심신 기능의 유지 회복을 도모하고, 거택 생활을 할 수 있도록 지원이 필요한 자에 대해, 시설 서비스 계획에 근거하여 간호, 의학적 관리하에 개호 및 기능 훈련 그 외 필요한 의료 및 일상생활상의 돌봄 실시를 목적으로 하는 시설입니다.

개호노인복지시설(특별양호노인홈)은 요개호 고령자를 위한 생활 시설입니다. 입주하는 요개호자에 대해서 시설 서비스 계획에 근거하여, 입욕, 배설, 식사 등의 개호 그 외의 일상생활상의 돌봄, 기능 훈련, 건강 관리 및 요양상의 돌봄 실시를 목적으로 하는 시설입니다."

지역포괄케어 병동은, 병원의 병동 기능의 하나로 치료의 일환으로서 자리매김합니다. 2023년 6월의 진료보수(의료수가) 개정에서는, 일반 병동, 만성기 병동[지역포괄의료 병동(신설), 회복기 재활 병동, 지역포괄케어 병동], 요양 병동, 완화 케어 병동이라는 병동 유형화가 한층 더 추진되었습니다. 큰 의도는 고령화에 수반하는 의료비 억제책하에서 급성기 일반 병동을 삭감해 지역포괄의료 병동으로 이행 촉진, 재택(개호시설)으로의 유도를 겨냥한 것입니다.

지역포괄케어 병동이란, 급성기 치료를 마친 환자나, 어떠한 이유로 일시적인 입원을 할 수밖에 없는 환자, 곧바로 재택이나 시설로 옮기는 것이 불안한 상태인 환자에 대해서, 재택 복귀를 위해 지원하거나 준비하는 병동입니다. 재택 복귀를 원활히 실시하기 위해서 '재택 복귀 지원 계획'에 기반하여 주치의, 간호사, 전담 재활 스태프, 재택 복귀 지원 담당자(의료 상담원) 등이 협력해 효율적으로 환자의 재활 및 재택 복귀 지원(상담, 준비)을 실시합니다. 2023년의 진료보수 개정부터 입원 60일까지는 산정 할 수 있습니다만, 41일째 이후부터는 감산됩니다. 환자의 상태 및 재택 서비스가 준비되는 대로 퇴원하게 됩니다.

지역포괄의료병동의 재택복귀율

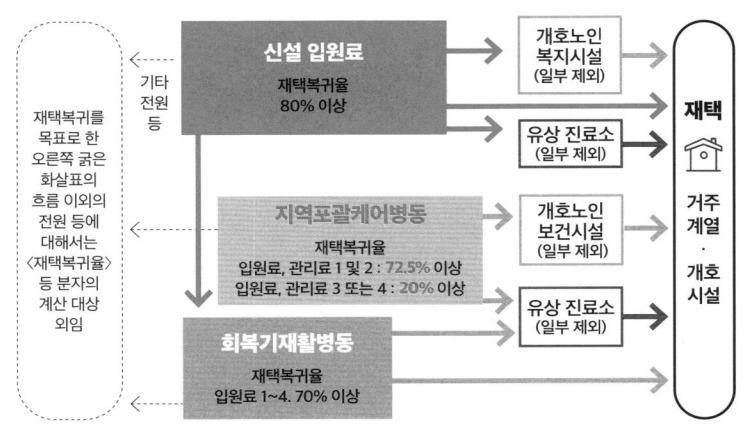

각 병동마다 재택복귀율을 산출할 때 재택복귀에 포함된 퇴원, 전원을 굵은 화살표로 표시함
출전 : 후생노동성 보험국 의료과 2024. 3. 5

최근 고령자의 응급 이송 수는 증가하고 있습니다. 2023년 진료 보수 개정에서는 고령자 응급차가 고도급성기병원으로 이송되지 않도록, 고령자 급성기 일반 병동에서 받아 왔던 환자의 이송처로서 지역포괄의료 병동이 신설되었습니다.

니시요도 병원은 2023년 진료보수 개정 대응책으로서, 병동 기능을 5병상의 HCU(하이 케어 유니트), 50병상의 일반 병동, 54병상의 신설 지역포괄의료 병동, 56병상의 지역포괄케어 병동, 53병상의 회복기 재활 병동으로 재편했습니다. 이제까지의 '거절하지 않는 응급' '거절하지 않는 의료' 등의 의료 기능을 바꾸지 않았습니다. 응급차 이송 수는 연간 3,000건를 넘습니다.

9. 요도협에 속한 11개소 클리닉(진료소)은 모두 재택의료를 하고 있나요?

모든 진료소에서 재택의료를 시행하며, 왕진 관리는 월 1,000회가 넘습니다. 방문간호는 관리 수 월 450건, 방문 수는 월 3,000회입니다. 방문개호는 관리 수 월 460건, 방문 수는 2,900회입니다.

왕진은 휴일과 야간 응급 대응 등을 1개 진료소만으로는 하기 힘들어, 니시요도가와구 4개 클리닉, 요도가와구 2개 클리닉이 그룹 지어 대응합니다. 대응 형태는 위에서 언급했듯이 방문간호, 방문헬퍼로 그야말로 총력이 요구됩니다.

최근에는 근린 병원, 지역포괄지원센터에서의 소개가 적지 않습니다. 종말기 환자 소개도 늘고 있습니다.

10. 요도협에 27개 개호사업소가 있다고 들었습니다만, 주로 어떤 사업을 합니까?

① 개호노인보건시설 요도노사토 1개소_100병상 : 요양시설, 고령자 재활을 통한 재택 복귀가 목적. 자택에서 지낼 수 없는 사람이 요양하는 경우도 있습니다.
② 통소개호(데이서비스) 3개 사업소, 통소재활 3개 사업소 : 통소개호와 통소재활의 차이는, 재활의 유무. 통소개호 쪽은 재활이 없고, 이용자 부담 비용이 쌉니다. 입욕과 식사가 주된 분은 통소개호를 많이 이용합니다.
③ 인지증 대응형 통소개호 2개 사업소 : 통소개호와 마찬가지지만 인지증인 분이 이용합니다. 이용요금이 비싸기 때문에 통소개호로 지내기 힘든 분이 이용합니다. 다만 스태프 배치와 이용자 인원 비율이 높아 세밀한 대응이 가능합니다.
④ 방문재활 1개 사업소 : 재택 방문재활을 합니다.
⑤ 방문개호 4개 사업소 : 자택에서 지내는 분의 생활 지원(요리, 세탁, 장보기 등)과 신체 개호(입욕, 패드 교환, 식사 도움, 통소 계통의 송영 등)를 합니다. 집에서 지내기 때문에 반드시 필요한 서비스라고 봅니다.
⑥ 거택개호지원 6개 사업소 : 케어 플랜을 작성하고 주로 서비스 계획 등을 합니다. 그 외에도 이용자의 생활을 지탱하는 일을 합니다.
⑦ 방문간호 6개 사업소 : 자택에 방문하여 바이탈 관리 및 진료지도 등을 합니다.
⑧ 상담사업소 1개 사업소 : 장애 분야 상담을 받는데, 현재는 휴지 상황

11. 민의련에서 나온 지역포괄케어, 재택의료 관련 자료 및 책자가 있습니까?

민의련에서 제시하는 방침은 아래를 참조하시기 바랍니다.

(介護ウェーブ方針)
https://www.min-iren.gr.jp/kaigo-hukushi/
(介護事業責任者会合問題提起)
https://www.min-iren.gr.jp/kaiin/05-kaigo-hukushi/03-zenkoku/2024/data/241216_04.pdf
(「民医連医療２０２５年１月号介護特集」)
https://www.min-iren.gr.jp/news-press/iryou/20241216_51808.html

살던 곳에서 계속 살아가기
일본의 재택의료

초판 1쇄 펴낸날 2025년 5월 17일
지은이 백재중
만든이 황자혜 조원경 박재원 김상훈
펴낸이 이보라   펴낸곳 건강미디어협동조합
등록 2014년 3월 7일 제2014-23호
주소 서울시 중랑구 사가정로49길 53
전화 010-2442-7617   팩스 02-6974-1026
전자우편 healthmediacoop@gmail.com
값 16,000원   ISBN 979-11-87387-43-5 03330